上手な教え方の教科書

入門インストラクショナルデザイン

向後千春 [著]

技術評論社

この本で「教える」人たち

相野

本書の主人公。やる気と情熱にあふれる体育会系OL。熱血がたまに空回りすることも！？ 妄想が激しい傾向あり。

ユミ先輩

相野の指導者であり、インストラクショナルデザインのエキスパート。おっとりした癒し系でありながら、部下の指導力に定評がある。料理が苦手。

小林

相野の部下の新人青年。相野いわく「ぼんやりしていて全然使えない！」とのことだが……。

向後千春　　この本の著者。

はじめに

　本書で解説するインストラクショナルデザインとは、「教えることの科学と技術」です。この本を手にしている大部分の人は、「教える」ということを職業にしている人ではないかもしれません。たとえ、そういう人であっても「教えることの科学と技術」を学ぶ必要があるのでしょうか。答えは「Yes」です。教えることを仕事にしている代表は学校の先生ですが、先生でなければ教えられないということはありません。

　それどころか、仕事でも日常生活の中でも、私たち全員が「教える」という行為をしなくてはなりません。たとえば、子どもに勉強を教える、職場で新人に仕事を教える、おじいちゃんにケータイの使い方を教える、などなど。そして、もしうまく教えることができたら、相手は喜び、仕事ははかどり、教えた私たちも喜びを得ることでしょう。

　インストラクショナルデザインは、私たちが誰かに何かを教えなければいけないとき、「効率の良い上手な教え方」を提供してくれます。単なる経験則や人生訓ではなく、科学的に効果的な教え方を追求するのがインストラクショナルデザインという学問です。この本では、インストラクショナルデザインの考え方、理論、そして実践への応用について説明しています。

　この本を読めば、あなたは自分の教え方に自信を持つことができるでしょう。そして、実際に教えていく中で、自分の教え方を改善することができるようになるでしょう。そして、何よりも教えることを楽しんでできるようになることでしょう。楽しいマンガとともに、この本の内容をあなたの仕事や生活の中で活かしてください。

向後　千春

contents

プロローグ ... 4

第1章 インストラクショナルデザインって何？ 19

- **1.1** インストラクショナルデザインの考え方 ... 24
- **1.2** インストラクショナルデザインの基本前提 ... 31
- **1.3** インストラクショナルデザインの基礎理論 ... 42
- **1.4** インストラクショナルデザインの応用領域 ... 46
- この章を学んでみて ... 50
- 確認問題 ... 52

第2章 運動技能のインストラクション 53

- **2.1** 技能の分類 ... 58
- **2.2** スモールステップの原則 ... 61
- **2.3** 理論的土台：行動分析学 ... 69
- **2.4** 続けさせる技術 ... 77
- **2.5** やめさせる技術 ... 83
- **2.6** 応用デザイン ... 88
- この章を学んでみて ... 90
- 確認問題 ... 92

第3章 認知技能のインストラクション 93

- **3.1** 認知技能とは ... 98

3.2	説明の技術	100
3.3	理論的土台：認知心理学	106
3.4	認知を変える技術	112
3.5	応用デザイン	123
	この章を学んでみて	124
	確認問題	126

第4章
態度のインストラクション　　127

4.1	態度とは何か	132
4.2	態度を変える技術	134
4.3	理論的土台：状況的学習論	137
4.4	正統的周辺参加	140
4.5	状況的学習論から教えることへ	143
4.6	応用デザイン	147
	この章を学んでみて	152
	確認問題	154

第5章
ニーズ分析とゴール設定　　155

5.1	コースの設計	162
5.2	ニーズ分析	165
5.3	ゴール設定	168
5.4	学習者分析	170
5.5	コンテキスト分析	174
5.6	事前・事後テスト	176
	この章を学んでみて	178

確認問題 ……………………………………………………………… 180

第6章
リソース、活動、フィードバックの設計　181

6.1 導入の設計 ……………………………………………………… 186
6.2 リソースの設計 ………………………………………………… 189
6.3 活動のデザイン ………………………………………………… 191
6.4 フィードバックのデザイン …………………………………… 197
この章を学んでみて …………………………………………………… 202
確認問題 ………………………………………………………………… 204

第7章
評価の設計　205

7.1 インストラクショナルデザインにおける評価 ……………… 210
7.2 学習成果の測定 ………………………………………………… 213
7.3 学習体験の測定 ………………………………………………… 217
7.4 態度の変化の測定 ……………………………………………… 220
この章を学んでみて …………………………………………………… 222
確認問題 ………………………………………………………………… 224

参考文献 ………………………………………………………………… 225
エピローグ ……………………………………………………………… 228
解答 ……………………………………………………………………… 234
あとがき ………………………………………………………………… 238
索引 ……………………………………………………………………… 239

第 **1** 章

インストラクショナルデザインって何？

最初に、インストラクショナルデザインとは何かについて解説します。定義や理論など元となっている考え方を理解することで、最終的にどのような領域に応用できるのかについて知りましょう。

1.1 インストラクショナルデザインの考え方

 教えること・学ぶことは日常行為

　私たち人間は、生まれてから死ぬ直前まで、常に何かを学んでいます。誰かに教えられなくても、何かを学んでいます。その一方で、誰かに教えられて学ぶこともまた日常的な行為です。

　「教える」というとすぐに学校を思い浮かべるかもしれません。しかし、実際は、教えるという行為は学校以外でも日常的に行われています。

　たとえば、自分の子どもに自転車の乗り方を教えます。友だちに料理の作り方を教えます。職場で先輩が後輩に仕事の手順やコツを教えます。おじいちゃんに携帯電話のメールの打ち方を教えます。このように、教えるという行為は学校に限定されていません。むしろ、学校以外の場所で教えたり、教えられたりしていることのほうが多いくらいです。

　教えるという行為は、教員の独占業務ではありません。私たちは、より良く生きていくために、常に誰かから何かを学び、誰かに何かを教えています。教えることは、会話をするくらい自然で、日常的な行為です。

　しかし、このように教える機会や必要性はたくさんあるにもかかわらず、私たちは教え方を学んできませんでした。学校では常に、生徒・学生としてさまざまな科目を教えられてきました。しかし、教え方だけは教えられてこなかったのです。学校のどこを探してみても「上手な教え方」という科目は見つけられなかったでしょう。

　これは、不都合なことではないでしょうか。生きていく上で、また働いていく上で、必要とされている「上手な教え方」という内容が、学校では教えられていないのです。

👉 教えることを研究対象にする

インストラクショナルデザイン（Instructional Design、IDとも）という学問は、まさにこの領域を扱います。何かをうまく教えるための技術と科学を扱う学問が、インストラクショナルデザインです。

インストラクショナルデザインは、教えるという行為とその成果を研究対象とします。そして、その研究成果として上手な教え方を実行するためのモデルと理論を提供しようとします。

インストラクショナルデザインのモデルと理論を利用することで、より良い教え方が実践できれば、インストラクショナルデザインの目的が達成されたことになります。

▼図1.1 教える・教えられる

✏️ 社会をうまく回すための原動力

仕事をしていれば、教えるということを必ずしなければいけません。どんな専門であろうが、どんな職種であろうが、後輩を育て、弟子を育てることをしなければ、そこで途絶えてしまいます。もしなんらかの組織やコミュニティをその伝統と文化とともに存続させようと思うなら、教えるという仕事は必ずついてまわります。

しかし、教える方法について、学校の（あまりおもしろくない）授業だ

けしかモデルとして知らなければ、上手な教え方ができないのは当然です。だから、上司が部下に何かを教えるときに、部下は「要領を得ない教え方だなあ」と思い、上司は「飲み込みの悪い部下だなあ」とイライラします。また、研修を実施すれば、研修の受講生は「何を伝えたいのか全然わからない。時間の無駄だ」と思い、研修講師は「ガヤガヤして、私の話を全然聞いていない」と嘆きます。このようにして、時間が無駄になるだけではなく、教える人と教えられる人との間に不信感さえ生まれてくるのです。

　もし、すべての人がインストラクショナルデザインの素養をもって、上手な教え方を習得しているとすれば、社会はもっと良くなるでしょう。たとえば、個人が体得した技能やコツが、周りの人にうまく伝えられれば、組織全体の効率や生産性が上がるでしょう。たとえば、先輩が後輩に上手に指導できれば、後輩はすばやく技能や知識を習得していくことができ、そして、先輩はそのうまい教え方によって尊敬されるでしょう。

　このように、個人個人が上手な教え方を知っていることが、社会全体をうまく回すための原動力となるのです。同時に、一人ひとりが「自分が他者や社会のために役に立つことができる」という意識を持つことで、生きがいのある幸福な社会を生み出すことでしょう。

インストラクションとコース

　教えるという行為が行われたら、それを**インストラクション**と呼ぶことにしましょう。教えることは、「教育」と呼ばれたり、「授業」と呼ばれたり、「研修」と呼ばれたりしますが、これらの用語は、先生や教師、教員が教えることを暗示しています。しかし、すでに述べたように、教えるという行為は、教師の専売ではなく、誰もが日常的に行うものです。したがって、ここでは「教育」や「授業」や「研修」という言葉ではなく、（ちょっと長いけれども）インストラクションと呼ぶことにします。

　インストラクションは、一区切りの教える行為です。それは、10分であったり、あるいは1時間かかったりしますが、教える行為のひと続きの単

位としては同じです。

それに対して、インストラクションが複数個組み合わせられたものを**コース**と呼ぶことにします。コースは複数のインストラクションを組み合わせることで、長期的に特定の知識や技能を学び手に身につけさせることを目標として設計されたものです。コースは、インストラクションの単なる集合ではなく、含んでいるインストラクションすべてに一貫性、あるいは共通した目標があります。

付け加えると、あるコースが設定されたまわりの状況を**コンテキスト（文脈）**と呼んでおきます。たとえば、そのコースは、学び手が自分で決心して参加したものなのか、あるいは、半ば強制的に義務づけられて参加しなくてはならなかったものなのかによって、学び手のそのコースへの意気込みや思いはまったく異なったものになるでしょう。その結果として、学習の成果はまったく違ってくるでしょう。

▼図1.2　コースとインストラクション（そしてコンテキスト）

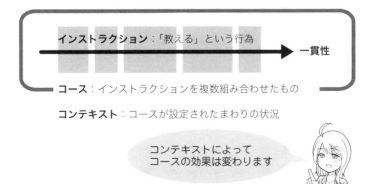

このように、コース自体がまったく同じ内容であったとしても、それが置かれるコンテキストによってコースの効果そのものが変わってくるのです。したがって、コンテキストを考慮に入れないわけにはいきません。

👉 インストラクションは意図的な介入

　インストラクションはコミュニケーションの一部です。コミュニケーションとは、ある人が別の人に特定の内容を伝えるということです。もし、そのコミュニケーションが、ある人が意図的に、そのことを知りたいと思っている別の人にそれを伝えるものであった場合、それをインストラクションと呼びます。つまり、**意図的な介入**があれば、それはインストラクションとなります。

　一方、ある人が意図せずに、結果として別の人に何かを伝えてしまったという場合は、インストラクションではありません。その人は結果として何かを学んだかもしれません。しかし、それは意図されなかったものなので、インストラクションとは呼ばないのです。インストラクションなしに人が学ぶことはよく起こるので、ここは注意が必要です。

　誰かが何かを学んだとしても、必ずしもそこにはインストラクションがあるとは限りません。「あの人が学んだのは、Aさんのおかげである」と言ったとしても、Aさんが意図的な介入をしていなければ、Aさんはインストラクションをしたとは言えないのです。

　インストラクションの技術は、他の人に介入してその人を変えるための技術と、共通点が多くあります。他の人に介入してその人を変えることを専門的に行うのが、カウンセリングや心理療法です。したがって、インストラクションの技術とカウンセリングや心理療法の技術には、共通点が多いのです。

👉 メディアによって伝えられるインストラクション

　インストラクションは人対人の対面形式によって行われるだけではありません。たとえば、この文章のように、特定の意図を持って、学び手に何かを身につけさせようとするものであれば、文章もまたインストラクションです。

　インストラクションはメディアによって伝えられます。人対人であれば、肉声や表情や身振りなどが、メディアです。また、このような文章で

あれば、印刷物（あるいはパソコンのスクリーン）という形態がメディアです。あるいは、人対人であっても、教える側が動画に収録され、インターネットで会員に配信される場合は、動画というメディア上でインストラクションが行われます。

そもそもデザインとは

デザインとは、原理と見かけをつなぐことです。原理とは、理論と言い換えられるもので、見かけの裏で動いている抽象的な枠組みです。見かけとは、実働と言い換えられるもので、現にそこで見えて、動いているものです。原理を見かけに変換することをデザイン（あるいは設計）と呼びます。

インストラクショナルデザインとは、教えること・学ぶことの原理（理論）を、特定の見かけ（実働するもの）に変換することであると言えます。

▼ 図1.3　デザインするということ

原理（理論）　　　　　　　　　　　　　　実働（見かけ）

【ガソリンエンジンの原理】
ガソリンと空気を混合して点火し、
燃焼・膨張させることで
運動エネルギーを取り出す

→ デザイン →

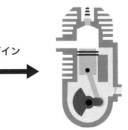

注意すべき点は、1つの原理から複数の見かけが設計できるということです。また逆に、複数の原理を組み合わせることで、1つの見かけを設計することもできます。良いインストラクションをデザインするためには、原理を知ることと、実働の現場でどのような見かけが必要とされているのか、という両者を知っておくことが必要となります。

👉 インストラクショナルデザインは何をデザインする？

インストラクショナルデザインは、教え手がどう教えればよいのかということだけを対象としているわけではありません。むしろ、教え手がそこにいなくても、インストラクションが成立するようなシステム全体をデザインしようとするのです。その意味で、教え手が壇上に立ち、学習活動の中心にいようとすることを排除します。主役は教え手ではなく、学び手なのです。

インストラクショナルデザインは、学ぶためのニーズを同定し、具体的な学習成果をゴールとして設定するところから始まります。その上で、学習のきっかけとなるようなレクチャー、テキスト、ビデオなどのリソースを用意し、学び手が行う学習活動をデザインし、それに対してどのようなフィードバックをすればよいのかを考えます。このようなシステム全体を、インストラクションあるいはコースとしてデザインするのです。そのシステムの中では、教え手がレクチャーをするとしても、それはあくまでも「リソースの1つ」という位置づけです。リソースが王様のようにふるまうことはありません。

▼ 図1.4　全体をデザインする

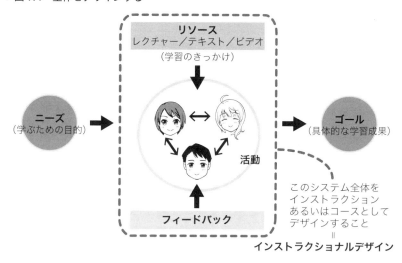

1.2 インストラクショナルデザインの基本前提

基本前提は 3 つ

インストラクショナルデザインの基本前提は、次の3点に集約できます。

❶ 学習は多くの変数に左右される
❷ にもかかわらず、効果的に学習を支援する方法はある
❸ そして、その支援の方法は常に改善できる

もちろん、これ以外の基本前提を取ることもできます。たとえば「何が学習されるかは、何がどのように教えられるかによって決定される」というような「決定論」的な立場を前提とすることもできます。どのようなことを学問の基本前提に置くかということは、それぞれの人が自由に決められます。

しかし、インストラクショナルデザインを研究している人の間では、このような決定論を取る人は少数派でしょう。上に挙げた3つの基本前提は、インストラクショナルデザインにかかわっている人たちが共有している前提です。前提が共有されていれば、議論は常にこの上に立ってスタートすることができます。

以下、これら3つの基本前提について説明しましょう。

前提 1：学習は多くの変数に左右される

私たちが何かを学ぶとき、それは数多くの変数に左右されます。端的には、誰も何も教えようとしていないのに、深い学習が起こったりします。

その一方で、ある人が一生懸命に何かを教えようと頑張っているにもかかわらず、何の学習も起こらないということもよくあります。ある人の教え方がとても上手だというので、その人について学んでみたけれども、まったく合わなかったということもあります。

自分自身が何かを学んだときに、それがどういう状況で起こったのかを振り返ってみましょう。教え方がうまかったからなのか、そもそもその内容に興味があって学ぶことに意欲的だったからなのか、自分自身の体調が良かったからなのか、たまたまそういう気分だったからなのか、一緒に学んだ人たちの醸し出す雰囲気に乗せられたからなのか、教える人がとても熱心だったからなのか、いったい何が決め手だったのか…。それは簡単には特定できません。

心理療法による効果の要因

ミラー(Scott D. Miller)ほか(2000)の研究[*1]によれば、心理療法における効果の要因は、およそ次のような割合で規定されるとのことです。

1. 治療外要因(40%)
2. 治療関係要因(30%)
3. 期待、希望、プラセボ要因(15%)
4. モデルや技法要因(15%)

つまり、心理療法が効果を発揮してクライエント(依頼者)が治るとき、原因の70%は、クライエント自身が自然治癒すること(治療外要因)や、クライエントとセラピスト(治療者)の人間関係(治療関係要因)に求めることができます。さらに、クライエントがもともと持っている治癒への期待やプラセボ(それを信じこむことで治療の効果が生じてしまうこと)も、要因の15%となっています。一方、治療そのものの効果(モデルや技法要因)は、残りのわずか15%にすぎないと見積もられています。

[*1] 『心理療法・その基礎なるもの―混迷から抜け出すための有効要因』(スコット・D・ミラー／マーク・A・ハブル著、曽我昌祺他訳、金剛出版)

1.2 インストラクショナルデザインの基本前提

さて、セラピストとクライエントの関係を、教え手と学び手の関係に当てはめてみましょう。両者は、セラピスト＝教え手が、クライエント＝学び手に対して何らかの介入をすることで、クライエント＝学び手に何らかの変化を起こそうとするという点で、相似形になっています。これを、教育とその学習成果を占う要因に適用してみます。

① 教育外要因（学び手が元々持っていた学習能力）
② 教育関係要因（受容・共感、思いやり、励ましといった学び手と教え手の関係）
③ 期待、希望、プラセボ要因（古くから「ピグマリオン効果」として知られている）
④ モデルや技法要因

▼図1.5 学習成果の要因の割合（たぶんこんな感じ）

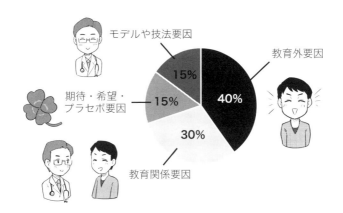

そして、このそれぞれにミラーらが予測した要因の重みづけを当てはめれば、学び手がもともと持っていた学習能力によって学習成果の40％が説明され、学び手と教え手の人間関係によって30％が説明されます。さらに外からかけられる期待によるピグマリオン効果の15％を加えれば、

以上で全体の85%が説明されます。そして、残りのわずか15%が、教え方そのものの効果なのです。

ミラーたちの見積もりが、私たちの経験に照らして妥当かどうかを考えてみましょう。私たちが、何かを学んだと実感するとき、それが誰かから教えられてそうなったということが、どれほどの割合あるでしょうか。一方で、誰から教えることなく自分で気がついて何かを学んだり、あるいは、相手が意図的に教えようとしている関係ではなく、ただ会話したり、経験を交換したりしているときに何かを学ぶということが、どれほどの割合あるでしょうか。こうしたことを振り返ってみると、ミラーたちが言うように、意図的な教育によって私たちが本当に学ぶということは少ないのかもしれません。

以上の考察から言えることは、学習成果を規定する要因は複数あり、その重要な要因は、教える行動の外側にある要因であり、教え手がコントロールできないところにあるということです。

もし、教え方そのものの効果がたった15%の重みしかないとしたら、それを研究し、改善していくことに意味があるのでしょうか？

はっきりとそう言わないまでも、意味がないと考えている人は多くいます。たとえば、決まりきった手順でしか教えることはしないし、もし学習成果がでなかったとしても、それは学び手の責任であり、彼らが真剣に努力しなかったからだと結論づける人たちがいます。彼らが、教え方そのものを軽視しているのは明らかです。

教えることは全体的なシステムである

多くの変数の中で、15%の重みしかない教え方を研究し、改善していこうと考えるのは、教えること・学ぶことが、教え手と学び手の両者によって作られる全体的なシステムとして考えられるからです。教え手だけでも、学び手だけでも、教えることは成立しません。教え手と学び手、そして教え方、それを取り巻くコンテキストそれらが一体となって、教えること・学ぶことが成立します。そのシステムの中で、教え方の要因がたとえ

15％の重みしか持たなくても、そこが変わることによって「システム全体」が変わる可能性があるからです。

　この考え方は**システムズアプローチ**と呼ばれ、すでに現代のさまざまな学問領域で採用されています。システムズアプローチの考えは「物事の動きを1つのシステムとして見よう」ということです。システムズアプローチで考えるシステムとは「部分が全体を規定し、全体が部分を規定していて、互いに切り離すことができないような全体」ということになります。

▼図1.6　システムズアプローチ：どこかを変えると全体が変わる

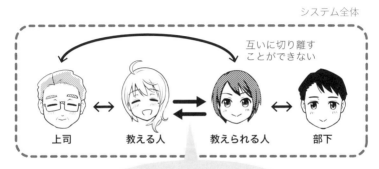

　教えることは、教え手と学び手の両者が必要で、どちらが欠けても成立しないシステムになっています。たとえば、教室での授業には、先生と生徒という構成要素があります。この2つの組み合わせを単純に足せば全体ができるわけではありません。この組み合わせから何らかの新しい性質（たとえばクラスの雰囲気）が現れ、全体が構成されます。さらに、全体が構成されると、今度はクラスの雰囲気が一人ひとりの生徒に何らかの作用を及ぼしていきます。単純に良い先生がいれば、教える・学ぶ関係が良くなるかといえば、そんなことはないし、悪い生徒がいても必ずしも学級

崩壊につながるわけではありません。先生と生徒の関係、生徒と生徒の関係、取り巻く環境、どういう文脈で、お互いを規定しあっているかなどによって、全体がうまくいくか、あるいはうまくいかないかが決まります。これは、システムズアプローチの考え方を採用しなければ検討できない現象です。

このシステムズアプローチの考えに立てば、15％の重みしかない教え方を研究し、改善していこうということに意味があります。まさにその部分こそが研究者と実践者が挑戦できる部分であり、教えるというシステム全体を変えるためのテコになるからです。

前提2：効果的に学習を支援する方法はある

インストラクショナルデザインの2番目の前提は、達成しようとする学習成果が特定できれば、それに適したタイプのインストラクションがあるということです。これは、逆に言えば、どういう学習成果を達成したいのかということが明確にならない限り、その学習を支援することはできないということになります。達成したい学習成果のことを**ゴール**と呼びます。インストラクションのデザインはゴールを設定しなければスタートできません。

ゴールベースのデザイン

ある人がインストラクションを受けて、特定のことができるようになることをゴールと呼びます。インストラクションはこのゴールをベースとしてデザインされます。そのデザインが適切だったかどうかは、すべてゴールが達成されたかどうかによって判定されることになります。このことを**ゴールベース**と呼びます。

それは当然のことではないか、と言う人もいるかもしれません。しかし、ゴールが達成されたかどうかにあまりこだわらない「教育」も現実にはあります。つまり、教える人の意気込みや働きかけが重要だという考え方です。

1.2 インストラクショナルデザインの基本前提

成功的教育観と意図的教育観

沼野[*2]は、結果として学習が起こったかどうかにかかわらず、「働きかける」ことを重視する考え方を、**意図的教育観**と呼びました。これに対して、学習者に学習が生じたことによって初めて「教えた」と呼ぶことができるという考え方を、**成功的教育観**と呼んで、両者を区別しました。

意図的教育観の見方を取るならば、教える人が努力して働きかければ「教えた」ことになります。つまり、教えたいという意図を持って教えていれば、結果はどうであれ「教えた」ことになるという考え方です。しかし、成功的教育観を取るならば、教えたいという意図を持って教えているだけでは不十分であり、教えるという意図があっても、実際に学習者がゴールを達成していないのならば「教えたつもり」でしかありません。学習者に学びが起こってなければ「教えた」と言うことはできません。

意図的教育観と成功的教育観のどちらの見方を取るかで「教える」という言葉のとらえ方が変わるだけでなく、「教える」という行為への取り組み方も変わってきます。意図的教育観を取るならば、自分は精一杯努力して「教えた」という思いが強ければ、結果はともかく、教える側の責任は果たしたと満足することができます。あるいは、結果が悪かった場合には、学習者の努力が足りなかったことに責任を転嫁することもできるでしょう。

しかし、成功的教育観を取るならば、自分が精一杯努力して「教えた」だけで満足することは許されません。常にゴールである学習目標が達成されたかどうかに関心をもち、それに対して責任を持とうとする態度が要求されます。

「正しい」考え方などない

成功的教育観を言い換えるならば、「正しい」教え方などない、ということです。そうではなくて、常に、効果的な教え方とそうでない教え方があるだけなのです。

ここまで「教育」という言葉を避けて「インストラクション」という言

[*2] 『教育の方法と技術（玉川大学教職専門シリーズ）』（沼野一男著、玉川大学出版部）

葉を使ってきたのは、教育には、それが「どうあるべきか」という「理念」が組み込まれているからです。教育の理念は、当該の時代と社会が決めるものです。しかし、インストラクションはそのような理念や理想を扱いませんし、またその価値判断を留保します。

したがって「正しい」インストラクションという言い方は存在しません。常に、「効果的な」インストラクションと、そうでないインストラクションが存在するだけなのです。効果的かどうかは、ゴールベースの基準によって測定されます。しかし、正しいかそうではないかという基準を、インストラクショナルデザインは持ちません。

▼図1.7　意図的教育観と成功的教育観の対比

前提3：支援の方法は常に改善される

インストラクショナルデザインの3番目の前提は、インストラクションの方法は常に改善されるということです。インストラクションが効果的でなかったとき、あるいは、より効果的になる余地があるときに、それは常に改善することができます。

学習者検証の原則

インストラクションは、学び手の学習成果によって、効果的であったかそうでなかったかが測定されます。つまり、学習成果を測ることで、学習者を評価していると同時に、インストラクションそのものが評価されているのです。むしろこう言ったほうが明確でしょう。学習者を評価するのは、インストラクションそのものを評価するためである、と。学習成果があげられなかったときに責められるべきは、学習者ではなくインストラクションそのものです。この考え方を**学習者検証の原則**と呼びます。

たとえば、百ます計算というインストラクションを取り上げてみましょう。「百ます計算は子どもを機械のようなものにする。だから反対する」という専門家がいたとしましょう。一方で、実際に百ます計算をやっている子どもが「百ます計算で少し自信がつきました。うれしい」と言っているとすれば、専門家が「子どもを機械にする」という主張は、参考意見にしかすぎなくなります。学習者検証の原則に照らしてみれば、百ます計算というインストラクションの評価は、それを実行している子どもの学習成果によって検証されなければなりません。実際に学習者がどのような成果をあげたかということだけによって、評価を実施するのが学習者検証の原則です。

インストラクションを改善するためのプロセスとして、**ADDIEモデル（アディーモデル）** と**ラピッド・プロトタイピング**の2つの考え方を紹介しましょう。

ADDIEモデル

ADDIEモデルの「ADDIE」とは次の5つのステップから頭文字を取ったものです。それぞれのステップでは、次のような作業を行います。

- Analyze（分析）：ニーズ分析とゴール分析をして全体像を決める
- Design（デザイン）：どこをどのような形にするかをデザインする
- Develop（開発）：教材を作成したり、ビデオを撮るなどの開発を行う

- Implement（実施）：実際にインストラクションを実施する
- Evaluate（評価）：実施したものを評価する

　このプロセスはワンサイクルで終わるわけではなく、最後の評価で何らかの問題があれば、どの問題かを把握し、前のステップに戻って、改善し、うまくいくまで繰り返されます。このADDIEモデルは、インストラクショナルデザインに限らず、商品開発やシステム開発などにも用いられています。また「Plan-Do-See」や「Plan-Do-Check-Action」と呼ばれる、改善サイクルとも似ています。

▼図1.8　ADDIEモデル

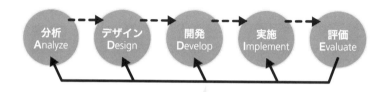

　ADDIEモデルは、インストラクションを改善するための着実なアプローチです。しかし、欠点を挙げるとすれば、そのサイクルに時間がかかることでしょう。特に、開発への時間的なプレッシャーがかかる場合は、次の手法が使われます。

ラピッド・プロトタイピング

　ニーズを発見したら、できるだけ速くそれに対処することが必要になってきています。開発に長い時間をかけられない場合は、まず実施できるも

のを作り、それを使いながら改善していこうとします。これをラピッド・プロトタイピングと呼びます。インストラクションのコンセプトが決まったら、まず動くものを開発し（プロトタイプ）、実施しながらフィードバックを受け、即座に修正し、改善していきながら完成度を高めるやり方です。

積極的折衷主義

インストラクションのデザインと開発のための基礎となる理論はたくさんあります。その理論の多くは、心理学、そしてそこから発展した認知科学や学習科学と呼ばれる領域で培われてきました。こうした理論は、時代の流れと学問の進展につれて、例外なく、隆盛から衰退（しかし消えてなくなることはない）へという道をたどっています。新しい理論は常に、その前に隆盛を誇った古い理論への批判と代替を目指しているため、これは自然なことと言えるでしょう。

インストラクショナルデザインは、こうした基礎理論の中の特定された1つに依存するものではありません。もちろん、その時代により主流となる理論がインストラクショナルデザインの基礎理論となることは避けようがありません。しかし、それにもかかわらず、インストラクショナルデザインは積極的な理論の折衷をはかろうとします。

なぜならば、特定の1つの理論があらゆる状況に適合するということは、これまでにもありませんでしたし、これから先にもないと考えられるからです。新しく登場する理論は、常に、それ以前の理論では説明のつかなかった状況や現象に着目しています。

1つの理論ではすべてをカバーし切れない以上、インストラクショナルデザインは常にいくつかの理論を折衷、混合した上で、デザインと開発をしていくことになります。これを**積極的折衷主義**と呼びます。

1.3 インストラクショナルデザインの基礎理論

✏ インストラクショナルデザインは教育工学の（中心的）部分

　インストラクショナルデザインは、学際的領域である「教育工学」の一領域です。教育工学は、Instructional Technology（あるいは、Educational Technology）の翻訳です。

　アメリカ教育工学・コミュニケーション学会（Association for Educational Communications and Technology, AECT）の1994年の定義によると、教育工学とは「学習の過程と資源についての設計、開発、運用、管理、並びに評価に関する理論と実践」とされています[*3]。つまり、教えることと学ぶことにまつわる設計から開発・運用・管理そして評価にいたるすべての理論と実践を扱う研究領域です。

　インストラクショナルデザインは、教えることのデザインを扱っていますので、教育工学の中心的な部分であると言うことができるでしょう。

学際領域「教育工学」の基礎

　教育工学という学問領域は、成立してからまだ100年も経っていない、応用的・実践的な領域です。アメリカ教育工学コミュニケーション学会は、1923年に設立されました。日本における教育工学に関する代表的な学会である、教育システム情報学会の設立は、それから50年遅れて1974年、日本教育工学会の設立はその10年遅れの1984年です。教育工学の基盤は、次のような学問にあります。

[*3] 『教育工学を始めよう―研究テーマの選び方から論文の書き方まで』（S・M・ロス／G・R・モリソン著、向後千春他訳、北大路書房）

▼図1.9　教育工学の定義

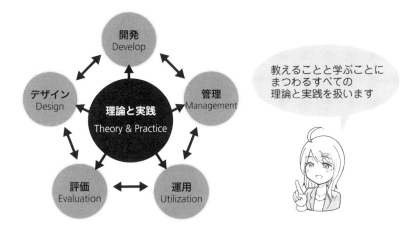

　1番目は、**心理学**です。心理学は非常に幅の広い学問ですが、その中でも、とりわけ学習の心理学とコミュニケーションの心理学が教育工学の基盤になっています。具体的には、学習心理学、認知心理学、社会心理学、臨床心理学と呼ばれる心理学の下位領域です。この中でも、「教授・学習に関する心理学」はインストラクショナルデザインの基盤になっています。具体的には、行動分析学、認知心理学、状況的学習論の3つがそれにあたり、本書でも、この3つの心理学を基礎としています。

　2番目は、**情報コミュニケーション技術（ICT）**です。教育工学は、それ以前の技や職人芸による教育から、科学的な理論とコンピュータをはじめとする情報技術を導入して、教育を改善しようという意図を当初から持っていました。したがって情報コミュニケーション技術が教育工学の1つの基盤になっています。これは、ただ技術を教育に取り入れるということではなく、そのことによって教育の現場で起こっていることをオープンにし、科学的に取り扱うことができるという作用があります。

▼図1.10 教育工学の基盤

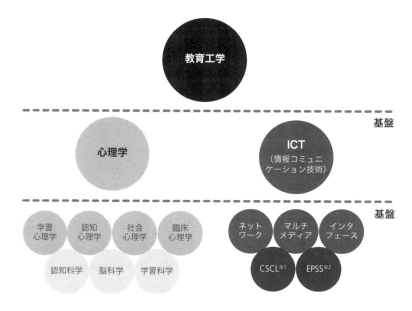

※1 Computer Supported Collaborative Learning、コンピューターによって支援された協調学習
※2 Electronic Performance Support Systems、働いている人にその場で情報・助言・学習機会を与えるコンピュータシステム

実証ベース

　教育工学は、当初から応用的・実践的な学問でした。そのため純粋な理学でもなければ、完全な工学でもありません。その研究目的によってさまざまな研究手法を採っていく必要がありました。

　その中でも、譲れない条件は実証ベースであるということです。データについては、量的なデータでも、質的なデータでも扱います。むしろ、それらを組み合わせるところに教育工学における実践指向の研究アプローチの特徴があります。

デザイン実験

とりわけ、教育工学の特徴的な研究方法は、**デザイン実験**（Design Experiment）です。これは、理論を背景として、特定の現場で具体的なものを開発し、改善しながら現場に役に立つものを作っていくというアプローチです。そのようにして提出された事例研究をサンプルとして理論化していきます。

現場では、実験計画法で言うところの統制群を設定するのが不可能なことも多くあります。それに替わって、現場でのデザインと実践を行いつつ、並行してさまざまなデータを蓄積していくという方法がデザイン実験です。このアプローチは、統制群もなく、変数の統制もできませんので、因果関係の特定は困難です。しかし、特定の現場における実践に伴い、さまざまなデータを収集し、そのプロファイルを描いていきます。それが1セットの事例研究となり、類似の事例との比較対照によって理論的なフィードバックをするのです。

▼図1.11　デザイン実験のイメージ

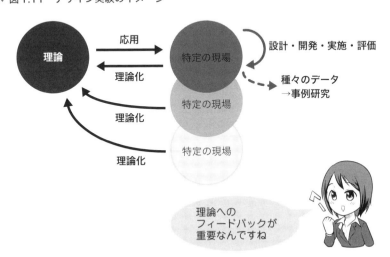

理論へのフィードバックが重要なんですね

1.4 インストラクショナルデザインの応用領域

🖊 教え手と学び手のいる場面すべてで応用できる

　インストラクショナルデザインは、「教えること・学ぶこと」が起こっているすべての場面で応用することができます。また、教え手が生身の人間でない場合、たとえば、放送番組やeラーニングシステムで配信されたビデオコンテンツ、あるいは、教科書やテキスト、マニュアルといった印刷物の場合でも応用することができます。

👉 スポーツトレーニング
　スポーツトレーニングの中心は、**知覚運動系の訓練**です。したがって、知覚運動系の訓練に適したインストラクショナルデザインを適用できます。具体的な方法については、第2章で扱います。

👉 学校教育・塾・予備校
　学校教育や塾、予備校で扱っている中心は、**認知的能力の訓練**です。したがって、認知的能力の訓練に適したインストラクショナルデザインを適用できます。具体的な方法については、第3章で扱います。

👉 人材育成・社内教育
　会社の中の人材育成や社内教育で扱っている内容は、知覚運動系の訓練（たとえば、書類をステープラーできちんと綴じるなど）もあり、また、認知的能力の訓練（たとえば、議事録を作るなど）もあります。しかし、最も大切なのは**態度の育成**です。したがって、態度の育成に適したインストラクショナルデザインを適用できます。具体的な方法については、第4

章で扱います。

▼図1.12　インストラクショナルデザインの応用領域

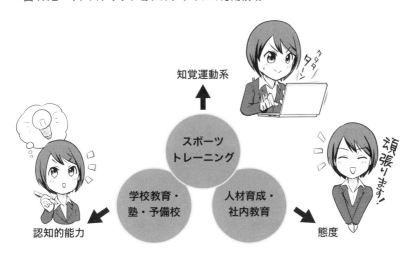

インストラクションができる人を育てる

　インストラクショナルデザインを専門にしている人は、インストラクションがうまくできることを期待されます。もし、そうでなければ、自分の専門を実践できていないということになり、信用されません。インストラクショナルデザインを専門とする人は、インストラクションそのものを研究対象とすると同時に、その成果として効果的なインストラクションを実践する人です。

　そのためには、インストラクショナルデザインの中に、インストラクショナルデザインをインストラクションする機能が組み込まれている必要があります。つまり、インストラクションという体系を人から人へ広げていくことで、再生産していくということです。

▼図1.13　インストラクショナルデザイナの養成を組み込む

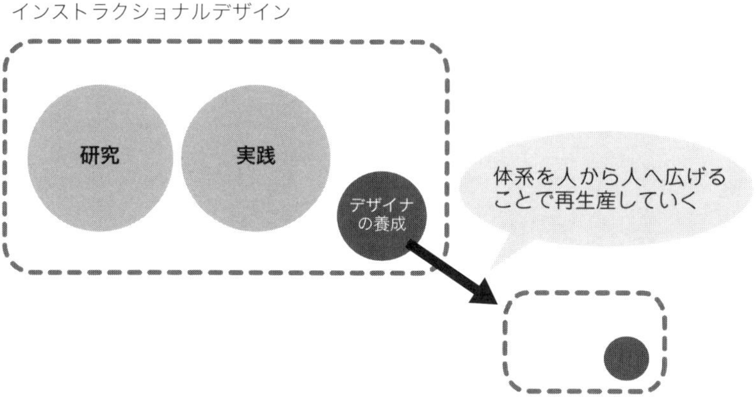

インストラクショナルデザイン

研究　実践　デザイナの養成

体系を人から人へ広げることで再生産していく

👉子どもの教育から生涯学習まで

　インストラクショナルデザインの適用範囲は、年齢を問いません。さらに言えば、人間でなくても、たとえばイルカのトレーニングや犬のしつけなど、動物にも応用することができます。

　小さな子どものしつけや基礎的なスキルを身につけさせること、たとえば自転車の乗り方を教えるなどといったことにもインストラクショナルデザインが役に立ちます。もちろん、初等・中等・高等教育においてもインストラクショナルデザインは適用できます。さらには、成人から高齢者までの生涯学習にも適用できます。

👉eラーニングの開発

　インターネットとパソコンを使ったeラーニングという教え方が急速に広まりつつあります。eラーニングにおいては生身の教え手がいないときに、どのようにインストラクションをデザインするかという点が重要な問題となります。これを解決するためには、インストラクショナルデザインによる理論と実践的な知見が必要になってきます。

独習書・マニュアルの開発

　私たちはまた、本を読んで学ぶことも非常に多いです。独習書やマニュアルの開発にもインストラクショナルデザインが応用できます。どのような説明をすればわかりやすいのか、どのような図版をいれれば理解を促進できるのか、どのような章立てにすればスムーズに学習が進むのか、どのような練習問題を出せば知識を定着させることができるのか。以上のような課題はインストラクショナルデザインが関心を持つところです。インストラクショナルデザインを応用することで、より良い独習書やマニュアルを開発することができるでしょう。

ワークショップのデザインと偶発性

　直線的で、因果論的なインストラクションではなく、相互作用的な学習を想定したワークショップなどの学習機会が増えています。これもまたインストラクショナルデザインが扱う内容ではありますが、本書では扱いません。ワークショップが古典的なインストラクショナルデザインと違うところは、参加する学習者自身がそのイベントそのもののデザインに介入するという点にあります。半分はデザインされていますが、残りの半分は偶然です。

📖 この章を学んでみて

ふう。ユミ先輩、ありがとうございました！ インストラクショナルデザインの全体像がつかめたような気がします。専門用語が多くて、ちょっと難しかったですけど。でも、教えるって、そんなに単純なものではないんじゃないですか？

そんなことないわ、相手がトレーニングに素直に乗ってくれるのであれば、必ずうまくいくはず。

そんなに素直な人ばかりじゃないですよー。「研修」と聞くと、すぐにつまらないものと決めつける人や、やる気を失う人も多いですからね。逆に、難しい内容だと思って拒否反応を示す人もいるし。

うーん、そもそも「教える」ってことは、自己矛盾をはらんでいる行為なのよ。「簡単なことなら教える必要はない」じゃない。でも、「教えるためには簡単だと言わなくてはならない」でしょ。

確かに。

「簡単だよ、でも、難しいんだけどね」って言い続けないといけないじゃない。

はあ〜、面倒ですね。

面倒なのよ、教えるっていうことは。常に「相手＝学び手」がいて、それが最大の変数になっているからね。

学び手とのコミュニケーションだから面倒なんですね。

そのとおり！　でも、それは改善できるわ。

あっ、それってADDIEモデルのことですよね！？

そうそう、改善のプロセスがプログラムに組み込まれていれば大丈夫。

なるほど……ところでユミ先輩、それとなく私に復習させようとしてますね…？

うふふ、気づかれないように、それをやらせるのよ。気づかれなければ、抵抗も拒否もしないからね。

まるで魔法のようですね、インストラクショナルデザインって！

確認問題

問題1

インストラクショナルデザインに関する以下のア～オの説明について、正しいものには○を、間違っているものには×をつけてください。

ア．インストラクショナルデザインは成功的教育の見方を取るので、学習者がゴールに到達できることを目指す
イ．正しいインストラクションというものがあるわけではなく、効果的なインストラクションとそうでないインストラクションがあるだけである
ウ．インストラクションが成功するかどうかは、教える人の意気込みや働きかけ次第である
エ．教えたこととは違うことができるようになった場合でも、結果的に学びが起こったのだからそのインストラクションは成功したと言える
オ．インストラクショナルデザインでは「人がどうあるべきか」という理念がそのデザインを決める

問題2

以下のア～カのような考え方は、意図的教育または成功的教育のどちらの見方に近いかを答えてください。

ア．熱血指導はいつか報われる
イ．授業の内容を理解しているかどうかは生徒の目を見ればわかる
ウ．テストの結果を分析すれば教え方を改善する指標となる
エ．まじめに授業を受けていた生徒には単位を与えよう
オ．授業で教えたことを理解していないのは生徒の努力が足りないからだ
カ．テストは学習到達度を測るために欠かせないものだ

問題3

以下の用語について簡単に説明してください。

1. 教育工学（AECTの定義を答えてください）
2. デザイン実験

（解答は234ページ）

第 **2** 章

運動技能の
インストラクション

この章では、知覚運動系のインストラクショナルデザインについて解説します。運動技能の習得に効果的なトレーニング方法の他に、行動分析学を活用した指導法についても示します。

2.1 技能の分類

技能の分類の全体像

運動技能のインストラクションに入る前に、技能の分類の全体像について見ておきましょう。何かをインストラクションするときの「何か」は、何らかの技能を指しています。たとえば、「パソコンで議事録をまとめる」という仕事を考えたときに、

❶ タッチタイピングができる
❷ ワープロソフトの機能を知っていて、それを使える
❸ 人の発言を聞いて、的確に要約できる
❹ 誰かに肩入れすることなく、発言を公平に議事録にまとめようとする

というように、何種類もの技能が必要とされます。これらのそれぞれをインストラクションすることを考えてみると、タッチタイピングの技能と、公平な議事録を作ろうとする態度（態度も技能の1つであるとしましょう）とは、かなり違う領域の技能であることに気づくでしょう。また、これらをインストラクションするには、異なったアプローチが必要であることにも気づくでしょう。

したがって、まず技能の分類をしておきましょう。以下に紹介するのは、ブルームの教育目標の分類と、ガニエの学習成果の5分類です。

ブルームの「頭・心・体」

ブルーム（Benjamin Bloom）が中心となって、教育目標を分類したものが、**ブルームの教育目標の分類学**として広く知られています。これは、

❶ 認知的領域（cognitive domain）
❷ 情意的領域（affective domain）
❸ 精神運動的領域（psychomotor domain）

の3つの領域に分けられます。

わかりやすく言えば、認知的領域は主として「頭」が働く領域、情意的領域は主として「心」が働く領域、精神運動的領域は主として「体」が働く領域です。また、それぞれ、知識（knowledge）、態度（attitude）、技能（skill）と言い換えられることもあります。

▼図2.1 ブルームの3つの領域

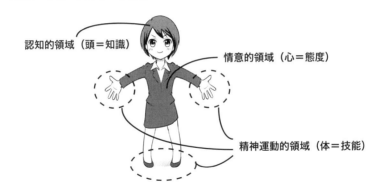

ガニエの5分類

ガニエ（Robert M. Gagné）は、学習成果を次の5つに分類しました。

❶ 言語情報（verbal information）
❷ 知的技能（intellectual skills）
❸ 認知的方略（cognitive strategies）
❹ 態度（attitude）
❺ 運動技能（motor skills）

言語情報は、言語の形で記憶に蓄えられた知識です。たとえば、「ブルームの教育目標の分類は、頭、心、体、の3つである」というような記憶に蓄えられた内容そのものです。
　知的技能は、何かを区別したり、分類したり、例を挙げたりする技能です。たとえば、「ブルームの精神運動的領域の一例として、タッチタイピングが挙げられる」というようなことです。
　認知的方略は、学び方そのものを使ったり、発見したりする技能です。たとえば、「ブルームの教育目標の分類を覚えるためには、自分の頭、心、体を思い浮かべながら覚えれば忘れない」というようなことを考えることです。
　態度は、自分がどのように行動するかを選択したり、決断したりする技能です。
　運動技能は、自分の筋肉を使って体を動かしたり、コントロールしたりする技能です。

ブルームの分類とガニエの分類の比較

　ブルームの分類とガニエの分類とを比較してみると、ガニエの、言語情報、知的技能、認知的方略の3つが、ブルームの認知的領域に含まれていると考えられます。本書では、ブルームの3分類を使っていくことにしましょう。

2.2 スモールステップの原則

段階的にインストラクションを行う

運動技能のインストラクションとは、たとえば次のようなことです。

- 子どもが跳び箱を跳べるように教える
- パソコンの初心者にタッチタイピングを教える
- 筆ペンで形の良い字を書けるように指導する

このような運動技能は、単純で簡単な動作が基礎としてあり、そうした複数の動作が組み合わさって複雑で滑らかな動作が形成されています。

▼図2.2　複雑な運動技能は単純なものから構成されている

したがって、運動技能のインストラクションは、単純で簡単な動作からゆっくり始めます。それが十分マスターできたところで、基準を少し上げて、より正確に、速く、滑らかにその動作ができるようにトレーニングしていきます。

これを**スモールステップの原則**と呼びます。

👉 スモールステップを使わないときのリスク

スモールステップに従わずに、いきなり、本番さながらの状況下に学び手を置いて、トレーニングすることを好む教え手がいます。

たとえば、スノーボードの初心者を教えるときにゲレンデの傾斜の急なところに連れて行って、むりやり滑らせるという方法をとったりします。ごくまれにそれに適応して、うまく滑れるようになる人もいるかもしれませんが、そうした例外的なケースでない場合は、非常にリスクの高い訓練方法です。また、学び手に恐怖心を植え付ける可能性があるという意味でも問題があります。一度、恐怖心を持ってしまった学び手から、恐怖心を取り除くのは時間がかかりますし、その結果として上達も遅くなります。

「人は失敗した時に、よく学ぶ」という主張をする人もいるでしょうし、またそれが事実であるようなケースもあるかもしれません。しかし、あえて学び手に失敗させるときには、失敗のコントロールをしなければ教え手の仕事をしたことにはなりません。

👉 効率の良いインストラクション

スモールステップの原則を使えば、あらゆる運動技能をインストラクションすることができます。つまり、複雑な運動技能を、単純な運動技能に分解し、それを順序良く並べ、スモールステップでインストラクションします。

そうすると、そのインストラクションを、どのようにして短時間で効率良く成功させるかという点だけが問題となります。

シェイピング

シェイピングとは、行動分析学の用語で、人や動物に、今までにやったことのない行動を獲得させる方法です（行動分析学については、次の節でその概略を説明します）。たとえば、犬にお手をさせたり、イルカにジャンプをさせたり、小さな子どもにパジャマを着替えさせたり、パソコンを初めて触る人にタッチタイピングをできるようにさせるなど、すべてシェイピングの手続きによって、速く、効率良く、新しい行動を獲得させることができます。

シェイピングの10の法則

カレン・プライア（Karen Pryor）は、シェイピングの10の法則として、次のようにまとめています[*1]。

❶ 十分な数の強化が得られるように、基準を少しずつ上げる
❷ 一時に1つのことだけを訓練する
❸ 基準を上げる前に、現在の段階の行動を変動強化で強化する
❹ 新しい基準を導入するときには、古い基準を一時的にゆるめる
❺ 相手をたえず観察する
❻ 1つの行動は1人のトレーナーが教える
❼ 1つのシェイピング手続きをやっていて進歩しないときは、別のやり方を見つける
❽ 訓練をむやみに中断しない
❾ 一度できた行動でも、またできなくなることがある。そのときは、前の基準に戻る
❿ 1回の訓練は、できれば調子が出ているときにやめる

[*1] 『うまくやるための強化の原理―飼いネコから配偶者まで』（カレン・プライア著、河嶋孝／杉山尚子訳、二瓶社）

基準を少しずつ上げる

「❶ 十分な数の強化が得られるように、基準を少しずつ上げる」は、スモールステップの原則です。「強化」とは、特定の行動の頻度が高くなることです。トレーニング全体の中では、学び手が、その時点でできる範囲で基準を少しずつ上げていきます。もし、基準を上げすぎてしまうと、学び手は失敗を体験することになります。もちろん、人は失敗から学ぶこともあるのですが、成功から学ぶことのほうが多いです。成功によって、このままトレーニングを続けることに確信が持てます。しかし、失敗すると、それまでシェイピングしてきたものまで、崩れてしまうというリスクがあります。

たとえば、自転車に乗るという行動は、できている人にとってはひとまとまりの行動ですが、まだ乗れない人にとっては、ペダルをこぐ、バランスを取る、ハンドルを切る、ブレーキをかける、などの複雑な技能の集合体です。練習中に、一度転ぶと肉体的にダメージがある以上に、精神的に「怖い」という感覚がついてしまいます。このような運動技能をトレーニングするには、複雑な技能を分解して、スモールステップで進めます。

▼図2.3「自転車に乗る」というシェイピングの手続き

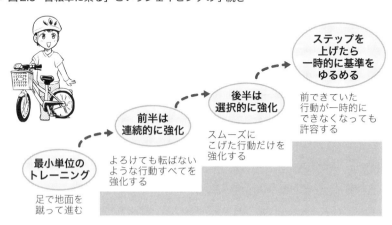

👉最小単位でのトレーニング

　トレーニングしても、なかなか進歩が見られないときは、「❷ 一時に1つのことだけを訓練」しているかどうかをチェックします。一度に2つ以上のことをトレーニングしようとすると、学び手はそのどちらに注意を集中すればよいのかわからなくなってしまいます。まずは、単一のスキルをトレーニングし、それがマスターできた段階で、複数のスキルを組み合わせるトレーニングを行います。

　たとえば、自転車のトレーニングの第一歩は、ペダルをこがずに、足で地面を蹴り、そのまま惰性で進み、ブレーキをかけて止まることから始めます。惰性で進み、バランスを取るというスキルの最小単位をまず習得させます。

👉選択的に強化する

　新しい行動をトレーニングするときは、最初は連続的に強化して、新しい行動を安定してできるようにします。しかし、一度それが確立されたら、変動強化（たまに強化する）に切り替えます。「❸ 基準を上げる前に、現在の段階の行動を変動強化で強化する」は、現在の段階で獲得されたスキルの中の最も良い行動を選択的に強化することによって、スキルの質を高めます。

　たとえば、自転車でこがずにバランスを取る練習ステップであれば、最初は、よろよろしても転ばないという行動をすべて強化します。だんだんうまくなってきたら、よろよろせずにまっすぐにバランスが取れた行動だけをほめて強化します。わざわざほめなくても、本人がわかる場合が多いので、「OK！」と言うだけ、あるいはうなずくだけにします。

👉ステップを上げたら基準を一時ゆるめる

　ステップを上げると、以前にできていた行動が一時的にできなくなったり、不安定になることがよくあります。別の新しい行動を習得するタスクが発生しているのですから、これは自然なことです。したがって、叱って

はいけません。何度かトライしているうちにまたできるようになります。

👉学び手をたえず観察する

　教え手が設計したスモールステップのプログラムに沿って進めていくとしても、その進度は学び手によって異なります。あるステップは、学び手にとって長い時間がかかるかもしれませんが、別のステップは予想以上に簡単にクリアしてしまうかもしれません。あるステップの技能が十分習得されたかどうかは、教え手が注意深く判断しなければなりません。そのためには、学び手をたえず観察することが必要です。

▼図2.4　シェイピングの技術

うまくいかなくなったら前の基準に戻る
「両脚で地面を蹴るところからもう一度やってみよう」

進歩しないときは別のやり方で
「ペダルに乗せる足の順番を左右逆にしてみよう」

👉1つの行動は1人の教え手が教える

　学び手をたえず観察し、その人がトレーニングのどの段階にあるのか、また、いつ次のステップに進むのか、また、次のステップとしてどんな課題を用意するのかは、常に教え手が準備しなければなりません。このような状況で、教え手が別の人に交代することはできるだけ避けたほうがよい

です。以上のような情報を正確に伝えることは困難だからです。

進歩しないときは別のやり方で

シェイピングの方法は1つに限りません。もし1つの方法で進歩が見られなかったとすれば、それにこだわることはありません。新しい方法を考えたほうがよいです。それが教え手の仕事ですし、もし自分が考えた方法でうまくいけば、それは教え手に大きな喜びをもたらすでしょう。

訓練中は訓練に集中する

教え手は、トレーニング中は、学び手から注意を外してはいけません。もちろん、たえず観察をしていれば、注意を外すことはできません。もし学び手から注意を外せば、観察できないだけでなく、そのときに学び手が行っている習得中の行動に対して、悪い影響を与えることになります。それまで、シェイピングしたものを失う危険性もあります。

うまくいかなくなったら前の基準に戻る

うまくできるようになった行動でも、久しぶりにやろうとするとうまくできないことがあります。たとえば、長く自動車を運転しないでいて、久しぶりに運転するときは、非常に不安になるものです。また講演や演奏会の直前にあがってしまい、すべて覚えているはずのことが思い出せなくなったりします。

このようなときには、一番初歩のレベルに戻ります。そのようにすれば、わずかな時間で復習でき、すぐに習得した行動をすることができます。

1回の訓練はうまくいったときにやめる

1回のトレーニングは、時間が決められているならば、そこまでに終わりにすることになります。時間が決められていても、決められていないにしても、トレーニングを終わりにすべきタイミングは重要です。そのタイミングは、学び手がうまく行動を習得したときに終了とするのがよいです。

なぜならば、学び手にとっては、最後にうまくいったという体験が残ることになるからです。そのような印象で終わりにすれば、次回にトレーニングを再開するときも気持ち良く始めることができるでしょう。

しかし、多くの教え手は、学び手がうまくやると「そうだ！それをもう一度やってみて！」という要求をしてしまいます。しかし、うまくいった次のトライアルは、学び手の疲れやプレッシャーなどで失敗する確率が高くなっています。そこで失敗すれば、教え手も学び手も少なからず落胆するでしょう。それを避けるためにも、うまくいったときに勇気を持って、トレーニング終了としましょう。

トレーニングの時間が決められている場合は、終了のタイミングを自由にとることができません。そのような場合は、時間が終わりそうなときに、すでに完璧にできるようになっている行動を復習して、それを強化して終わりにします。そうすれば、うまくいったときに終了するのと同じ効果が得られます。

以上が、プライアが提案するシェイピングの10の法則です。

✏️ インストラクションは具体的に

トレーニングにおける指示は常に具体的でなければなりません。運動技能のインストラクションでは、特にそうです。

たとえば、テニスの初歩では、ラケットの中心でボールをヒットさせるために、つい「ボールをよく見よう！」と指示してしまいます。これはスローガンとしては良いでしょう。しかし、具体的にどう見ればよいのかが学び手にはわかりません。そうではなく「ボールの回転はどうだった？」とたずねます。ボールの回転を確認するためには、必然的にボールをよく見なければならないからです。

このようにインストラクションを具体的にすれば、「頑張れ！」などの励ましも不要です。「頑張れ！」のかけ声は、教え手の気持ちを伝えるものとしては良いでしょう。しかし、インストラクションではありません。

2.3 理論的土台：行動分析学

✏ 行動分析学とは何か

　心理学はもともと「こころ」を科学的に扱おうとする学問でした。しかし、心を観察し報告できるのはその本人にしかできません。これを内観報告と呼びます。しかし、研究者は内観報告を客観的に扱うことができません。そのため心理学は、心ではなく、第三者が客観的に測定できる「行動」を扱うべきだという勢力が1920年代から出てきました。これを行動主義心理学と呼びます。

　行動主義心理学者の1人であったスキナー(B. F. Skinner)が体系化した理論を基礎にしたものを**行動分析学**と呼びます。行動分析学は、「どうすれば行動を変えることができるか」についての科学です。この背景には、「目の前にある行動こそが問題であり、心理的な原因ではない」という哲学があります。新しい行動を獲得させたり、現に起こっている問題行動を修正したりする必要性は常にあります。それがなぜできないのかという原因をあれこれ考えるよりは、むしろ、そのための直接的な方法を使おうとします。

「心の教育」で解決できるか

　学級崩壊や校内暴力は「心の教育」で解決できるでしょうか。おそらく無理でしょう。問題行動が「その人の心が原因で引き起こされている」という仮説を取る限り、その修正は容易ではありません。なぜならば、その人の行動を変えるよりも、その人の心を変えるほうが困難だからです。他人の心を変えるのは容易ではありません。しかし、他人の行動は変えることが可能です。問題行動は過去に学習されたものであり、学習し直すことで修正可能だというのが行動分析学の前提です。

行動随伴性

　私たちは日々いろいろな行動をします。そして、ある行動は、持続したり、ますます頻度が高くなったりします。その一方で、ある行動は、だんだん頻度が落ち、最終的にはまったくしなくなります。

　たとえば、タバコをやめようと決心しても、いつの間にかタバコを吸ってしまい、その後ますますタバコの量が増えるということがあります。また、ジョギングを始めて、最初の一週間は毎日続けられたが、その後だんだんさぼりがちになり、最終的にはまったくジョギングをやめてしまったということもあります。

　このような行動の頻度の変化は何によって決まるのでしょうか。おそらく何か行動（タバコを吸う、ジョギングをするなど）をしたことで、何らかの変化（気持ちが落ち着く、疲れるなど）が起こり、それによって次に同じ行動を取るかどうかが影響されるのでしょう。

　これを理論化したものを**行動随伴性**と呼びます。行動随伴性とは、行動とともに起こる環境の変化がその後の行動の出現頻度を決めるということです。

強化と弱化

　まず、**強化**と**弱化**を定義します。強化とは、行動の出現頻度が高まることであり、逆に、弱化とは行動の出現頻度が低くなることです。

好子と嫌子

　次に、**好子**と**嫌子**を定義します。おおざっぱに言えば、好子とはもらってうれしいものであり、嫌子とはもらって嫌なものです。たとえば、チョコレートは大抵の人にとっては好子になります。しかし、チョコレートの嫌いな人には嫌子になります。そうするとあるものが好子になるか嫌子になるかは、その人によって違ってきます。つまり、その物事が、好子であるか、嫌子であるかは、その物事の不変の性質ではなく、それを受け取る

人の反応によって決まります。

　したがって、好子と嫌子については次のように定義します。好子とは、行動が強化されたときにその行動の直後に生じたことです。たとえば、好子なしの状態で、宿題をしたら、おやつが出たとしましょう。これ以降、宿題をする頻度が高まったとすれば、そのおやつは（その子にとっての）好子ということになります。つまり、好子によって宿題をするという行動が強化されたということです。

　反対に、嫌子とは、行動が弱化されたときにその行動の直後に生じたことです。たとえば、嫌子なしの状態で、ゲームで遊んでいたら、怒鳴られたとしましょう。これ以降、ゲームで遊ぶ頻度が低くなったとすれば、怒鳴り声は嫌子ということになります。つまり、嫌子によってゲームで遊ぶという行動が弱化されたということです。

行動随伴性の4つのパターン

　このようにある行動の直後に、好子あるいは嫌子が、出現したり、あるいは消失したりすることがあると、その行動の頻度に変化が生じます。これを行動随伴性と呼びます。

　たとえば、行動前の環境が「おやつがない」という状況で、そのとき「宿題をする」という行動をしたとします。それによって「おやつがある」状況に環境が変化したとすると、これ以降、宿題をする頻度が高くなるかもしれません。このように自分がある行動をすることで環境に変化が生じて、そのことによってその行動の頻度が変わる可能性があります。これが行動随伴性（行動に伴って変化すること）です。

▼図2.5　行動随伴性

行動随伴性には表2.1のような4つのパターンがあります。

▼表2.1　行動随伴性のマトリクス

	出現	消失
好子	強化	弱化
嫌子	弱化	強化

従来の用語との対応

　ここで定義した、好子・嫌子、強化・弱化という用語は、最近導入されているもので、従来の行動分析学の用語では、好子は正の強化子（強化子、強化刺激）、嫌子は負の強化子（罰子、嫌悪刺激）と呼ばれています。また、弱化は「罰」と呼ばれています。この本の用語と従来の用語の対応

を表2.2に示します。すでに、従来の用語で行動分析学を学んだことのある人は参考にしてください。

▼ 表2.2 この本の用語と従来の用語の対応

ここでの用語	従来の用語	行動の頻度
好子出現による強化	正の強化	増加↑
嫌子消失による強化	負の強化	
嫌子出現による弱化	正の罰	減少↓
好子消失による弱化	負の罰	

👉 強化と弱化の例

強化と弱化の例を見ていきましょう。ここで、「直前の状況」→「取った行動」→「直後の状況」という形式で記述するとわかりやすいので、この形式を使います。これを**行動随伴性ダイアグラム**と呼びます。

●好子出現による強化

- 直前：おやつが【ない】
- 行動：宿題をする
- 直後：おやつが【ある】

「おやつがある」ということはその人にとって好子となりますので、これ以降、おやつがない状況では、宿題をする行動が強化されることになります。

●嫌子消失による強化

- 直前：ガミガミ【言われる】
- 行動：宿題をする
- 直後：ガミガミ【言われない】

「ガミガミ言われる」ということはその人にとっては、嫌子です。宿題をすることによってこの嫌子が回避されますので、これ以降、ガミガミ言われる前に宿題をするようになるでしょう。つまり、宿題をするという行動が強化されました。

● **好子消失による弱化**
　・直前：おやつが【ある】
　・行動：散らかす
　・直後：おやつが【ない】

「おやつがなくなる」ということはその人にとっての好子がなくなることですので、これ以降、その人は散らかすという行動をそう簡単には取らなくなるでしょう。つまり、散らかすという行動が弱化されました。

● **嫌子出現による弱化**
　・直前：ガミガミ【言われない】
　・行動：散らかす
　・直後：ガミガミ【言われる】

「ガミガミ言われる」ということは、その人にとって嫌子となります。これ以降、その人は散らかさないようになるでしょう。つまり、散らかすという行動が弱化されました。

死人テスト

行動随伴性ダイアグラムの「行動」の項には、行動そのものを書きます。たとえば「勉強しない」ということは行動ではありません。行動分析学では、行動かそうでないかを判別するために**死人テスト**という方法を使います。つまり、死人テストでは、死人にはできないことはすべて行動であり、死人でもできることは行動ではないと判定します。先の「勉強しない」という例は死人でもできるので、行動ではありません。

死人テストによって「行動」とは言えないものを分類しますと、次のようになります。

- 「……される」で表される【受け身】例：怒られる
- 「……しない」で表される【否定形】例：勉強しない
- 【変化を観察できない行動や状態】例：黙る、じっとしている

 学習とは

ある状況下で、ある行動を取ると、その状況が変化します。その変化がその人にとって好ましければその行動は強化されますし、好ましくなければ弱化されます。このように行動が変化していくことを行動分析学では**学習**と呼びます。

このように考えると、私たちは日々学習をしていることになります。新しくできたレストランに行って、値段の割においしかったら、次もそこに行く確率は高まるでしょう。また、今までおいしかったのに、ある日料理人が替わって、おいしくなくなったとしたら、行く確率は低くなるでしょう。こうしたことは環境からの学習と言ってよいでしょう。

行動分析学的に見たしつけ

一方で、子どものしつけのように親が子どもに対して学習させるということもあります。行動分析学的に見れば、しつけというのは、親が好子や嫌子をコントロールして、子どもの適切な行動の頻度を高め、不適切な行動の頻度を低めるということにほかなりません。

たとえば、子どもが悪い行動をしたときに親が叱るのは、叱るという嫌子を出現させて、悪い行動を弱化しようとしています。しかし、叱られるという嫌子は何度も出されていれば慣れてしまいます。また、親の注目を引きたいがために、わざと悪い行動をする場合もあります。この場合は、叱られるということはその子にとっては嫌子どころか好子にもなります。叱られるという「注目」を得られるからです。

このように、いったい何が好子・嫌子として働いているかを見極めることに注意をしなければなりません。「叱る」という嫌子を出しているつもりでも、その行動の頻度が低くならないとすれば、それは嫌子ではありません。嫌子の定義は「行動頻度が低くなったときに、そこに出現しているもの」だからです。

あなた自身のために活かす

行動分析学から引き出される重要な考え方は、「何が自分の行動を制御しているのかがわかれば、その環境を制御することで、自分自身の行動を制御できる」ということです。たとえば、ギャンブルをやめることもできます。また、なかなか続けられない運動を続けることもできます。このようにして、環境を制御することで自分の行動を制御することができるようになれば、もはや受け身の人生ではなく、自分自身が自分の人生の支配者となることができます。

いきいきと生きている人には秘密があります。それは、お金や名声といった（世間的な）好子のために生きているのではなく、これから自分の人生に起こることを制御できるのだという確信を持っているからです。

2.4 続けさせる技術

 強化の技法

　トレーニングがうまくスモールステップで設計されているならば、あとは、それをいかに持続させるかということだけが課題になります。続ければ、ゴールが達成できます。しかし、多くの場合、ゴールを達成する前にトレーニングをあきらめてしまうのです。

　したがって、教え手の仕事は、いかにして学び手にトレーニングを続けさせるかという点に焦点化されます。そこで、学び手を「続けさせる技術」が必要になってきます。行動分析学の言葉で言えば、いかにその行動を強化するかということです。以下に、強化の技法について説明します。

 即時フィードバック

　ある行動を強化したい、あるいは持続したいと思うなら好子を提示すればよいということはすぐに納得できるでしょう。しかし、重要なのは、どのようなタイミングで好子を出すかということです。強化したい行動が起こったら、すぐに好子を出します。これを**即時フィードバック**と呼びます。「すぐに」というのはどれくらいかといえば、「1分以内」と考えておきます。1分以内で、できるだけすぐにということが即時フィードバックということです。

　したがって、強化したい行動が起こったらすぐにフィードバックをします。たとえば、ピアノがうまく弾けたら、すぐに「できたね」と認めます。特別にほめなくてもかまいません。もちろんほめることは好子になりえますが、ただ認めるだけでも好子になります。相手から関心を持っても

らえているということが、たいていの場合好子になります。一方、毎回ほめていると、だんだんありがたみがなくなってきます。そうなると、もはや好子としての働きはなくなってくるでしょう。

▼ 図2.6 即時フィードバック

👉 ルール支配行動

そう考えると、学校の授業、とりわけ大人数の授業では、即時フィードバックがほとんどない学習形態だと言うことができます。教員の話をただひたすら聞くだけという学習形態ではフィードバックはほとんどないため、その行動も強化されることなく、居眠りをしたり、内職をしたりしてしまうということになります。

それでもなお、強化のない授業をまじめに受けて、勉強している人もいます。それは、即時フィードバックを受けなくても、ルールに支配された行動をしているのだと考えられます。「このように続けてまじめに勉強すれば、最後の試験で良い成績が取れるだろう」というような内在化したルールに従っていると考えられます。これを**ルール支配行動**と呼びます。

逆に言えば、ルールが内在化していない小さな子どもであればあるほど、即時フィードバックによる強化が大切だということになります。

▼図2.7 ルール支配行動

強化のスケジュール

　続けて欲しい行動は、常に強化し続けなければならないかというと、そうではありません。強化は学習段階でだけ必要であり、一度学習が成立してしまえば、自分でうまくやるようになるので、強化し続ける必要はありません。

　それどころか、逆に、毎回強化してはいけません。なぜなら、毎回強化すると、いいかげんになってしまうからです。

　強化のスケジュールには、**固定強化**と**変動強化**の2種類があります。

固定強化

　月給制のように、一定時間ごとに強化があるものを固定強化と呼びます。また、出来高給のように一定の行動ごとに強化があるものも固定強化です。時間ごとにしても、行動ごとにしても、私たちの身近でよく見られる強化の方法は固定強化です。

変動強化

　一方、変動強化では、不規則な時間ごと、あるいは行動の不規則な回数ごとに強化が行われます。パチンコや競馬、競輪、あるいは宝くじのようなすべてのギャンブルは変動強化による強化です。いつ当たって、好子がもらえるのかが予測できません。

変動強化は一般的に強力な強化であることがわかっています。多くのギャンブルでは、負け続けて、いくら損をしても、いつかは勝って（ごくたまに）強化が行われます。これは、予測のできない変動強化ですので、なかなかギャンブル依存を断ち切ることができないのです。

好子は少ないほど良い

好子の量は、少なければ少ないほど良いです。たとえば、いくらチョコレートが大好きでも、出し続けるといつかはおなかがいっぱいになり、それ以上ほしがらなくなります。また、言葉で言うのはタダだからといって、ほめてばかりいたら、ありがたみがなくなります。あまりほめられていると、しまいには、バカにされているのかと思うかもしれないでしょう。また、お金はいくらあってもうれしいものですが、出し続けるには限界があります。

このように一般的に通用する好子は、出し続けるとすぐに飽和してしまうか、あるいは出すのに限界があります。したがって、好子としての効果をできるだけ長く持続させるためには好子を控えめに出すことが必要です。

それとは逆に、大当たりというテクニックがあります。予想していないときに、大きなプレゼントをもらうと非常にうれしいものです。予期していないときの大当たりは、変動強化です。

プレマックの法則

プレマックの法則は、その人の高頻度の行動そのものが好子として使えるというものです。

たとえば、電話でおしゃべりをするのが好きで、それをひんぱんに行う人は、その行動そのものが別の行動をするための好子として使えます。その人が掃除が嫌いで、なんとか掃除をするように強化したいとすれば、掃除をしたときに限って、電話をかけておしゃべりしてもよいという約束をします。はじめは、いやいや掃除をして、やっと電話をかけられるという

体験になりますが、これを繰り返すうちに、自発的に掃除をして、そのあと電話をかけるという行動パターンが確立するようになるでしょう。

もちろん、これは自分で自分の行動パターンを変えたいと思っているときにも使えます。たとえば、レポート課題が出ているのに、なかなか手をつけられないときは、自分の高頻度な行動（たとえばメールをチェックするなど）を探し、それとやりたい行動を結びつけます。たとえば、レポートの1段落を書いたら（あるいは15分間レポート課題に取り組んだら）、メールをチェックしてもよい、というように。もちろんスモールステップの原則に従って、目標行動のハードルは低いところから始めます。

なお、プレマックの法則においては、好子となる行動が自分にとって好ましいかではなく、あくまでも「高頻度」であることが前提です。高頻度かどうかを判定するには、一定期間観察して、好子となる行動の自発頻度が、習慣づけたい行動の自発頻度よりも多くなっていることを確認します。そのときに、プレマックの法則が適用できます。

強化は双方向的である

強化のスケジュールをうまく利用すれば、他人の行動を強化したり、制御したりすることができます。これを延長していくと、他人を思いのままに操ることもできそうな気がしてくるかもしれません。

確かに、行動随伴性を使えば、他人の特定の行動を強化することができます。しかし、これは一方的に、教え手が学び手の行動をコントロールしているということではありません。

この2人の関係を、さらに外側から見てみましょう。教え手が学び手のある行動を強化します。すると、学び手のある行動を強化してうまくいったという結果そのものが、教え手自身の、教えるという行動を強化することになります。つまり、たとえ、教え手が学び手を一方的に強化したと思っていても、学び手の特定の行動が強化されたという結果そのものが、教え手の教えるという行動を強化しているのです。もし、そうでなければ、

教え手は教えるという行動を継続しないでしょう。つまり、教え手は、学び手から強化のコントロールを受けざるを得ないのです。

▼図2.8 双方向の強化による信頼関係

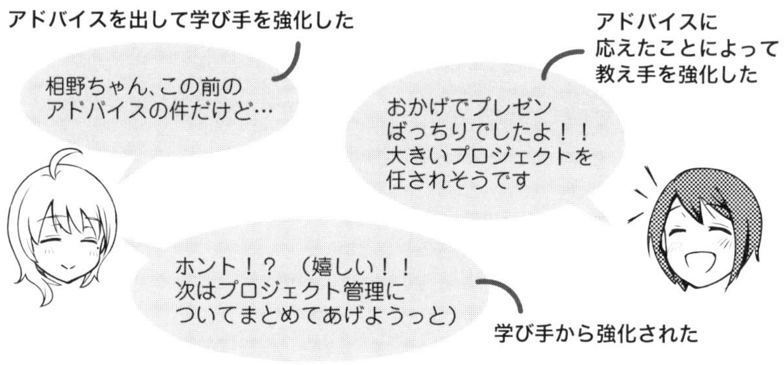

アドバイスを出して学び手を強化した

相野ちゃん、この前のアドバイスの件だけど…

ホント！？（嬉しい！！次はプロジェクト管理についてまとめてあげようっと）

アドバイスに応えたことによって教え手を強化した

おかげでプレゼンばっちりでしたよ！！大きいプロジェクトを任されそうです

学び手から強化された

信頼や愛情の意味

　誰かが誰かを一方的に制御するということはなく、常に双方的です。さらに言えば、あなたが誰かを強化した結果そのものがあなたを強化するとき、その2人の間には信頼感や愛情というべきものが生まれています。

　信頼や愛情とは、行動分析学的に定義するとすれば、2人がお互いに相手を強化し続けている状態ということができます。

　一生懸命に部下を指導しているのに、うまく成果が出ない、つまり、強化が失敗していれば、お互いの間に信頼は生まれません。部下は「上司の教え方が悪い」と思い、上司は「部下の努力が足りない」と思います。その結果、双方の「教える・学ぶ」という行動は徐々になくなっていきます。最後に残るのは、両者間の不信だけです。

　もし、あなたが誰かのある行動を強化しようと思うなら、最後までやらなくてはいけません。強化に失敗すれば、単にそのことに失敗したというだけではなく、あなたがその人に対してもともと持っていた、信頼感や期待というものまで失うからです。それは相手の責任ではありません。あることを教えようと決断したあなた自身の責任です。

2.5 やめさせる技術

✏️ 不適切な行動を抑制する

不適切な行動の頻度を少なくし、最終的にはやめさせることもまた、トレーニングの1つです。

消去

ある行動が持続して起こるのは、その行動が、好子出現か嫌子消失によって強化されているからです。この強化随伴性がなくなれば、その行動も徐々になくなります。これを**消去**と呼びます。

たとえば、ある人にメールを送ると返事をもらえていたのに、あるときから相手の返事が来なくなれば、その人にメールを送るという行動は徐々に頻度が少なくなり、やがて消去されます。

▼図2.9 消去

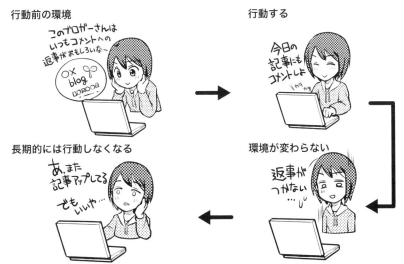

👉 バースト

　もちろん、突然、やけになったように大量のメールを送ったりすることもあるかもしれません。このような行動を**バースト**と呼びます。しかし、それに対しても、何の返事もなければ長期的にはメールを送るという行動は消去されるでしょう。

　重要なのは、バーストに対しても、動揺せず、何の反応もしないことです。そうすれば、その行動は消去されます。もし、バーストに対して何らかの反応をしてしまうと、それが元の行動を強化してしまうでしょう。しかも、これは変動強化（予期しないときに強化されたから）なので、せっかく消去しかかっていた行動の頻度が復活してしまうでしょう。

👉 復帰

　逆に、ある行動が弱化されてるために起こっていなかったのに、その弱化随伴性がなくなったために、その行動がふたたび起こることがあります。これを**復帰**と呼びます。たとえば、ある生徒が教室で騒ぐたびに先生に叱られて、そのために騒ぐ頻度が押さえられていたとしましょう（嫌子出現による弱化）。しかし、ある時期に先生が代わり、その先生が叱ることをしなければ、その生徒が騒ぐ行動は、以前の頻度に戻ります。これが復帰です。

✏️ 嫌子は効果がない

　では、不適切な行動を抑えるためには、嫌子を出し続けなければいけないのでしょうか？　そんなことはありません。嫌子を使わずに、不適切な行動をなくす方法はあります。それは、このあとに紹介します。

　人間は、嫌子を使うのが好きです。子どもが暴れれば、怒鳴ったり、叩いたりします。部下が失敗すれば、叱りつけたり、小言や嫌みを言います。店員の態度が悪ければ、その会社にクレームの電話をします。しかし、実際は、このように嫌子を出しても、もとの行動が改まることはほと

んどありません。

　相手の行動が改まることがほとんどないのに、私たちはなぜ、怒ったり、怒鳴ったり、叩いたり、つねったり、小言を言ったり、お説教したり、クレームの電話をかけたりするのでしょうか。こうした嫌子は、受け取るほうも嫌だし（なにしろ嫌子なのだから）、嫌子を出すほうも愉快な行動ではありません。怒鳴ったあとの自己嫌悪は多くの人が体験しているでしょう。

　嫌子を使ってしまう理由の1つは、嫌子を出すと、一瞬でも相手の不適切な行動がおさまるからです（それは単に相手がびっくりしているからという理由だったりするのですが）。それが、嫌子を出すほうに強化的に働くのです。したがって、一度嫌子を出すと、また出したくなります。しかし、2回目は、もっと強い嫌子でなければ、効き目はありません。このようにして、嫌子はどんどんエスカレートしていきます。そして、人間関係を破壊していくのです。それは、好子を使った双方向の強化が、お互いの信頼関係をより強くしていくのとちょうど逆の現象です。嫌子を使った弱化は、お互いの信頼関係を破壊します。

　では、嫌子を使わずに、相手の不適切な行動をやめさせるにはどうすればよいのでしょうか。カレン・プライア（1998）は、次のような方法を提案しています。

対立行動法

　対立行動法は、やめさせたい行動とは同時にできない行動をさせ、それを強化する方法です。その結果として、やめさせたい行動はできなくなります。

　たとえば、子どもが車の中で大騒ぎをしていたら、いっしょに歌を歌ったり、ゲームをしたり、お話をしてあげたりします。歌も、ゲームも、お話を聞くことも、大騒ぎという行動とは同時にできません。歌を歌えば、同時にできない大騒ぎという行動はなくなります。

　たとえば、テニスで、一度ついてしまった悪いフォームの癖はなかなか

直りません。そういうときは、正しい動作をスモールステップで着実にトレーニングします。正しいフォームができるようになれば、癖のついたフォームは同時にはできないので、結果的に出なくなります。

　部下は、さぼることがあります。さぼるのをやめさせたいのなら、何か仕事を与えます。「さぼるな！」と言って叱るのではなく、何か仕事を与えて、できたならそれを強化します。何もやることがなければ、さぼるのは当たり前のことです。何も与える仕事がなければ、「今、何をやるべきかをリストアップしよう」という仕事を与えます。

合図法

　合図法は、合図を出したときにだけやめさせたい行動をさせ、それを強化する方法です。このようにトレーニングすれば、合図のないときにはその行動が起こりにくくなります。

　子どもが車で大騒ぎしていたら、「これから10秒間できるだけ大声を出すゲームをしよう」と言って（これが合図）、みんなで大声を出します。これを何度か繰り返します（トレーニング）。すると、だんだん飽きてきます。これによって、合図のないときには、大騒ぎ行動が出にくくなります。

　変な癖がついているテニスのフォームでは、「今のは良くないフォームです。その打ち方をちょっと続けてみましょう」（これが合図）と言います。しばらくやったあとで、「どうですか？ 球はうまく飛びませんね」とフィードバックし、切り替えて、適切なフォームをトレーニングします。

　勤務時間中にさぼる社員には、チャイムを鳴らして（これが合図）きちんと休憩時間を作り、休憩させます。休憩時間中は音楽を鳴らすのもよいでしょう（これも合図）。決められた時間にきちんと休憩することをトレーニングすれば、合図のないときにはさぼり行動が出にくくなります。

他行動法

　他行動法は、やめさせたい行動以外のすべての行動を強化する方法です。そのことによって、やめさせたい行動は、よりすみやかに消去されます。

子どもが車で大騒ぎしていたら、静かになるまで待ちます。静かになったら、「今日は静かにしているから、ハンバーガー屋さんに行こう」と言います（強化）。

変な癖がついているテニスのフォームでは、悪いフォームでのショットは無視して、良いショットのときだけほめます。

さぼる部下には、良い仕事をしたら、すべてほめます。最初はたくさんほめ、徐々にほめる回数を減らします（それでも効果はある）。

 嫌子ではなく好子を使おう

以上の、「やめさせる方法」で共通しているのは、好子を使って、適切な行動を強化していることです。適切な行動を強化することによって、結果として、不適切な行動は無視され、起こらなくなります。不適切な行動を、直接のターゲットとして、嫌子を使ってそれを弱化しようとしてもうまくいきません。好子を使って強化しましょう。

2.6 応用デザイン

個別化教授システム

　個別化教授システム（PSI、Personalized System of Instruction）は、1960年代にアメリカのケラー（F. S. Keller）によって提案され、主として大学で実践されました。当時のアメリカでは、大学生の学力低下が社会的問題となり、大学の授業をいかに確実なものにするかということが課題でした。

　個別化教授システムは次のような原理で設計されています。

1. 独習用教材を使って、個別に進める
2. 自己ペースによりコースを進める
3. 単元を完全習得することによって次に進む
4. プロクター（教育助手）が助言とテストを行う
5. レクチャーは学生の動機づけのためだけに行う
6. 最終的な評価として最終テストを行う

　ここでは、スモールステップの原則や、確認テストによる即時フィードバックといった行動分析学の原理を応用して、自己ペースによる完全習得を目指しています。

コンピュータ支援教育

　今では、ポータブルなゲーム機で、漢字や英語のドリル学習をすることは珍しくありません。しかし、コンピュータが出始めた頃は、これを教育に活かそうということで、学習用のコンピュータソフトがたくさん作られ

ました。これを**コンピュータ支援教育（CAI、Computer Assisted Instruction）**と呼びます。

　CAIの最も強力な点は、即時フィードバックができることです。コンピュータであれば、プログラムによってすぐに、合っているか間違っているかを提示できます。また、必要であれば、解説を提示することもできます。この即時フィードバックが可能であることによって、CAIは今もなおゲーム機上の学習プログラムとして生き続けています。これは、スモールステップと即時フィードバックの原理が学習に効果的であることを、実証し続けていることにほかなりません。

ゲームの面白さ

　ゲームはなぜ面白いのでしょうか。その大きな理由は、即時フィードバックにあります。うまくいったのか、あるいは、失敗したのかがすぐに明らかになるようになっています。そして、あるレベルのスキルをマスターすれば、すぐに次のステージが用意されています。スモールステップによる設計です。これらは、行動分析学の枠組みで説明することができます。

📖 この章を学んでみて

この章ではスモールステップと即時フィードバックの重要性がよくわかりました！

スモールステップの原則は、運動技能だけじゃなくて、広い範囲のインストラクションで有効な原理なのよ。運動技能に限らず、基礎的なスキルが積み上げられて複雑なスキルを構成しているような場合はすべてこれでいけるの。例えば数学のようなものでも。

確かに。…ところでなんで数学嫌いが多いんでしょうね？

それはね、数学に限らず、教室での一斉授業は、スモールステップにはならないからよ。個人によって理解のスピードが違うから。

ああ、だからドロップアウトする人が出るんですね。

そうよ。でも、教室でドロップアウトした人も、個人ベースでスモールステップ方式で学び直せば、完全習得できるはず。

うーん。そうとなると、教室で勉強する意味って何ですか？

教育の最も安上がりな形態だということ。あとは……、友だちを作ることかしら。

まあ、確かに個別指導してくれる先生がいるなら、ちょっと大変なことでもマスターできそうですね。

相野ちゃんも、スモールステップの原則を使えば、たいていのことはコイズミ君にうまく教えられるよ。

あいつはコイズミじゃなくて、コバヤシですよ。

小林です！

あら！　これは失礼。即時フィードバックしてくれてありがとうね。

あ、これも即時フィードバックなんですね。

会話は、即時フィードバックの応酬よ。会話をすればするほど、両者の間に信頼関係が育まれていくの。相野ちゃんも小林君とたくさん会話しながら指導を進めてね。

は〜い…。

確認問題

問題1

身近にいる人に、何か運動技能を教えることにします。誰に何を教えるということを書いてから、その具体的なインストラクションの方法を、スモールステップの原則に従って考え、400字以内で書いてください。インストラクションは長くても1時間を超えない程度のものを想定します。

問題2

以下のア〜オについて、「1．好子出現による強化」「2．好子消失による弱化」「3．嫌子出現による弱化」「4．嫌子消失による強化」「5．消去」のいずれかに分類してください。

ア．（テレビの画面が乱れたときに）画像の乱れあり　→　テレビを叩く　→　画像の乱れなし
イ．（暗い部屋に入るときに）暗い　→　電気をつける　→　明るくなる
ウ．（東南アジアを旅行中に）腹痛なし　→　生水を飲む　→　腹痛あり
エ．（子どもがおもちゃを欲しいときに）おもちゃを買ってもらえない　→　売り場の床に寝転がって泣く　→　おもちゃを買ってもらえる
オ．（実は壊れている自動販売機の前で）ジュースなし　→　お金を入れてボタンを押す　→　ジュースなし

問題3

以下のア〜エについて、行動随伴性ダイアグラムの形式で記してください。

ア．夕食で生ガキを食べたところ、食中毒になってしまった。それ以後、生ガキは食べなくなった
イ．飲み会の席で、もの静かな課長がたまたまギャグを言ったところ、場がぱっと盛り上がった。その後、その課長は飲み会の席でよくギャグを言うようになった
ウ．高速道路を150kmで走行中、覆面パトカーに追跡されて罰金をとられた。それ以後、スピードの出し過ぎは控えるようになった
エ．頭が痛いので痛み止めの薬を飲んだところ、痛みが治まった

（解答は234ページ）

第 **3** 章

認知技能の
インストラクション

この章では、認知的能力系のインストラクショナルデザインについて解説します。記憶と思考のインストラクションに加えて、誤った認知を変えていく技術も重要になります。

3.1 認知技能とは

 言語情報と知的技能と認知的方略

　認知技能とは、ブルームの分類では「頭」の領域です。読んだり、書いたり、計算したり、事実や手順を覚えたり、分類したり、比較したり、まとめたり、分析したり、判断したり、評価したりするような技能です。その技能の多くは言語が関わっています。しかし、イメージやグラフィックもまた重要な役割を果たしています。

　ガニエは、ここで言う認知技能を、言語情報と知的技能と認知的方略に分けています。言語情報は、言語の形で記憶に蓄えられた知識です。一方、知的技能は、何かを区別したり、分類したり、例をあげたりする技能です。つまり、言語として蓄えられたものを知識として、それとは別に、知識をどのように操作するかということを区別しています。そして認知的方略とは、自分が効果的に学んでいくための方法について学ぶ技能です。つまり「学び方を学ぶ」ための技能です。

　この認知的方略、つまり「学び方を学ぶ」ための技能については、明示的に教えられる機会はあまりありません。勉強の仕方は、その人自身がそれぞれに工夫しながら身につけていくことが多いのです。しかし、そのように身につけた勉強法は、必ずしも効率の良いものでないこともあります。そこで、教える人としては、自分の教え方を通じて、学び手に効率の良い学び方を伝える仕事が大切になってきます。こうすることで学び手の認知的方略を育てていくことができます。

　この章では、ガニエの認知的方略は省略して、言語情報と知的技能をまとめて認知技能として扱います。

認知技能の熟達

　認知技能では、言語が重要な役割を果たしています。それは、運動技能が、最初は言語によるインストラクションを必要とするにしても、次第に熟達するにつれて、言語の介在が少なくなるのとは、対照的です。逆に言えば、運動技能においては、言語が介在しているうちは、熟達したとは言えません。

　しかし、認知技能では、常に言語情報を処理することになります。そして、言語情報をいかにして高速に、そして、正確に処理するかが、その熟達度を示すことになります。

ベースとしての言語

　ガニエが言語情報と知的技能を区別したのは、知的技能を発揮するためには、そのベースとして言語情報が貯蔵されていなくてはならないという事実に基づくものです。私たちは、初等教育、および中等教育で、大量の事実を、おもに言語情報によって、自らの記憶に貯蔵していきます。これは、思考するという知的技能が、そうした知識のベースなしには機能しないからです。つまり、私たちはその期間を使って、言語を知的技能の道具として、自然に使えるように訓練しているということにほかなりません。

3.2 説明の技術

 記憶と思考のインストラクション

　認知技能の中で、最も基本的なことは、記憶することと思考することです。これらは、ブルームの認知的領域では、「知識」と「理解」に相当し、ガニエの5分類では、「言語情報」と「知的技能」に相当します。

　記憶と思考のインストラクションにおいては、教えたい内容を、言語またはグラフィック（イメージ）によって、学び手に提示し、それを説明することが必要です。この情報提示と説明の仕方において、教え手の技術が問われることになります。この技術をここでは、説明の技術と呼んでおきましょう。以下に、説明の技術について、述べていきます。

 記憶のための説明の技術

　どんな内容を教えるにしても、まず、教えようとする内容の要素はそれぞれ何と呼ぶのか、という言語的な情報を教える必要があります。そして、学び手はそれらを言語情報として記憶していきます。特に、初等教育、中等教育では、このような言語情報を記憶する活動が多くを占めています。これは、その後、学び手が成人になってから他人とコミュニケーションを円滑にとるためにも、また、そのことによって次々と新しいことを学んでいくためにも必要不可欠なことです。共通の言葉を持たなければ、コミュニケーションはできないからです。

　しかし、教え手が、教えるべき言語情報を、ただやみくもに学び手に提示しても、それが直ちに記憶されるわけではありません。そこで、記憶のために最適な方法で、情報提示をする必要性が出てきます。そのために

は、人間の記憶のしくみがどうなっているかをまず知っておく必要があります。この領域を研究しているのが認知心理学です。

短期記憶と長期記憶

人間の記憶は、**短期記憶（short-term memory）** と**長期記憶（long-term memory）** からなっています。短期記憶は、作業記憶あるいは作動記憶（working memory）と呼ぶこともあります。

長期記憶は、ものの名前や文法、自分の誕生日や住所など、必要に応じて思い出すことのできる記憶です。それに対して短期記憶は、今一時的に覚えておくことのできる記憶です。

たとえば、初めて聞いた電話番号を、筆記するまで覚えておくためには、頭の中で繰り返すことが必要となります。これを**リハーサル**と呼びます。覚える情報の数が多ければ、リハーサルを行っているときは他のことを考えることができません。つまり、短期記憶には容量の限界があります。ミラーは短期記憶の容量は「7±2」つまり、5〜9のユニットであることを実験的に明らかにしました。これを**魔法の数字**（magical number）7±2と呼びます。

▼ 図3.1　短期記憶と長期記憶

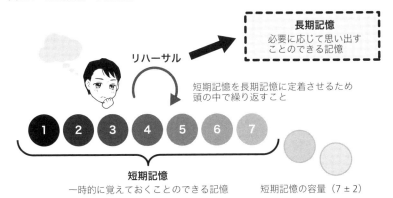

👉 抑制的に情報提示する

　短期記憶の容量に限界があるということから導かれる説明の原理は、一度に説明しようとする内容をできるだけ少数のユニットにするべきだということです。最大でも7つ、通常は5つ以内、できれば3つに抑えます。

　つまり、言語情報のインストラクションでは、何を教えるかではなく、「何を教えないで、提示する情報の数を抑えるか」ということが決定的に重要なのです。しかし、教え手は、自分が知っていることを一度にすべて教えようとしてしまいがちです。そうした行動が、本人の優越感を満足させることで強化されているのかもしれません。しかし、そんなことをされても、学び手はとまどうばかりです。一度に大量の情報を提示されても、そもそも記憶できません。教え手は、情報提示するときには、抑制的に振る舞わなければいけません。

👉 チャンク：意味のあるまとまり

　短期記憶の容量には限界があります。しかし、覚えておく内容をまとめたりすることによって覚えやすくなります。たとえば、数字の語呂合わせをすることによって、覚えておくことのできる数字の桁数は飛躍的に増えます。このような意味のあるまとまりを**チャンク**（chunk）と呼びます。

　サイモン（H. A. Simon）は、チェスの盤面を、熟達者と素人に覚えさせ、それを再生させる実験をおこないました。チェスの盤面は、どの駒がどの位置にあったのかということを1つのユニットとすれば、短期記憶の容量である7ユニットをはるかに超過します。しかし、チェスの熟達者は、その複雑な盤面を再生することができました。

　これは、チェスの熟達者は、盤面をいくつかのチャンク、つまり、どの駒がどの駒に応対しているのかという意味のあるまとまり、として覚えているのではないかということを示唆しています。その証拠として、駒をまったくでたらめに配置した盤面の記憶では、熟達者と素人の記憶成績には差がなかったことが挙げられます。駒をでたらめに配置した場合には、熟達者とはいえ、それをチャンク化することは不可能です。したがって、通

常の短期記憶の容量しか使えないことになります。

👉 維持リハーサルと精緻化リハーサル

　リハーサルは、覚えようとする内容を口に出して言ったり、心の中で繰り返したりする行為です。これは短期記憶の中で行われ、その一部が長期記憶に貯蔵されます。

　内容を単に繰り返すようなリハーサルを**維持リハーサル**と呼びます。このタイプのリハーサルでは、長期記憶に転送される確率は低いです。たとえば、人から聞いた電話番号を心の中で維持リハーサルしてもなかなか覚えることはできません。維持リハーサルの間はそれを覚えていても、メモしてしまえば、すぐに忘却されるでしょう。

　それでは、短期記憶の内容を長期記憶に固定するにはどうしたらよいのでしょうか。

　電話番号の例で言えば、341-9696を「みよいくろぐろ」というように語呂合わせすることで覚えることができます。このようなリハーサルを、ただ繰り返す維持リハーサルとは区別して、**精緻化リハーサル**と呼びます。精緻化というのは、覚えようとする内容を別の事柄に結びつけることです。つまり、精緻化リハーサルによって341-9696という数字の列を「みよいくろぐろ」という意味のある文字列に結びつけたことになります。

👉 ネットワーク構造

　記憶には、覚えている内容が雑然と格納されているわけではありません。そうではなく、関連のあるものはまとめられて格納されていると考えられています。ここで、内容を**ノード**と呼び、そのノードと他のノードとの結びつきを**リンク**と呼びます。記憶の構造は、たくさんのノードが他のノードとリンクされている**ネットワーク構造**になっています。

▼図3.2　記憶のネットワーク構造

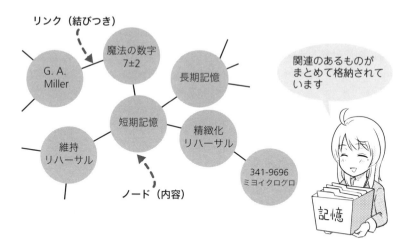

精緻化

　あることを記憶するためには、その内容そのものを覚えるだけではなく、他のことがらと関連づけること、つまりリンクを張ること、をすると効果的です。なぜならば、他のリンクからその内容に行き着く確率が高まるからです。このように、注目している事柄に別の事柄を結びつけることを「**精緻化（elaboration）**」と呼びます。前述した精緻化リハーサルは、精緻化を短期記憶の中で行うことです。

　たとえば、人の名前を覚えるためには、その名前だけを復唱（維持リハーサル）するのではなく、その人から連想されること、趣味、出身地、好きなタレントなど、さまざまなことをその人の名前に関連づけて精緻化すると効果的です。そうすれば、名前を忘れたとしても、他のリンクをたどってその名前を思い出す可能性が高まるからです。

☞ 体制化

精緻化された記憶のネットワーク構造は、意味や発音、イメージなどさまざまなものが互いにリンクされたものと考えられます。その一方で、記憶内容を何らかの基準で分類・整理することも長期記憶の維持に役立ちます。

内容を分類・整理することを**体制化（organization）**と呼びます。すでに体制化された記憶があれば、新しく入ってきた情報でも、その位置づけをすることにより、容易に覚えることができます。

☞ イメージの利用：二重符号化説

何かひとまとまりのものを覚えようとするとき、それを言語的な情報だけで提示するのではなく、イメージ的な情報を同時に提示することによって、記憶が促進されることが明らかにされています。ペイヴィオ（Pavio）は、これを**二重符号化説（dual-coding theory）**と呼びました。

説明の技術

以上をまとめれば、知識や情報を提示することでインストラクションを行う場合は、以下の点に注意をはらいます。

❶ 一度に提示する情報の量を抑えて、短期記憶の容量におさまるようにする
❷ 中心となる情報を提示した後、それに関連する情報を追加することにより、精緻化を促進する
❸ 情報を意味のあるまとまりとしてチャンク化したり、内容を分類・整理することにより、体制化を促進する
❹ 情報を、言語とイメージ（グラフィック）によって提示し、それらを学び手自身が統合することで、強い記憶イメージが作られる

3.3 理論的土台：認知心理学

 行動の変化をモデル化する

　行動分析学における、行動随伴性に基づく理論は、シンプルで強力です。それは、行動や環境という、外から観察できるもの（だけ）をデータとして扱っているという点にあります。

　しかし、たとえば、パズルを解いているときの人を観察してみましょう。すると、そこではほとんど動きは見られません。ときどき何かをメモしたり、1人でつぶやいているとしても、それ以外のことは、観察可能な行動としてとらえることができません。

　とはいえ、頭の中では活発に何かを考えたり、記憶したり、思い出したりしていることは疑いようがありません。行動分析学の枠組みでは、こうした頭の中で起こっていることをとらえることが困難です。むしろ、その人が何を考えているかを、あえてそのままにして、どのような行動をするか、またそのときにどのような環境の変化があったかをモデル化することによって、厳密で予測力のある行動随伴性のモデルを作ることができたのです。

 認知を科学的に扱う

　人（あるいは動物）が、見たり聞いたりして知覚したり、記憶したり、思い出したり、いろいろなことを考えたりすることを**認知**（cognition）と呼びます。行動分析学のあとに登場した、認知心理学は、こうした認知の働きを科学的にとらえようとします。これを「認知革命」と呼ぶ研究者もいます。

私たちが、認知的な活動をしていることは、自分自身としては明白です。今、自分が何を考えているかを、他人に報告することができます。これを**内観報告**と呼びます。しかし、行動分析学をはじめ、科学的な心理学を標榜する勢力は、この内観報告を科学的データとしては扱えないとして批判してきました。つまり、内観報告どおりのことをその人が考えているかどうかを、第三者が検証することができないという批判です。このことが、認知心理学がまず越えるべきハードルとなりました。

モデルとしてのコンピュータ

　私たちが常に頭の中で何かを考えていることは明白です。これを何とか科学として扱えないかと認知心理学者が努力しているときに、コンピュータが発明され、普及し始めました。

　コンピュータは、コンピュータが理解できる言語、つまりプログラム言語によって制御され、動いています。プログラムは、端的には「もし……ならば……する（IF-THEN）」という形の命令が連なって記述されています。

　一方、私たちの思考や判断も、「もし雨が降っているなら、傘をさす」というように、プログラム的なもので記述することができます。思考や判断が複雑であったとしても、プログラムを複雑にすることによって記述することができます。

　そこで、人間の思考過程をコンピュータとプログラムによってモデル化し、そのことによって扱っていこうと認知心理学者たちは考えました。人間は、外から刺激を入力し、思考のプログラムによって処理し、そして、外に行動として出力するというのが、認知心理学のモデルでした。

▼図3.3　認知心理学のモデル

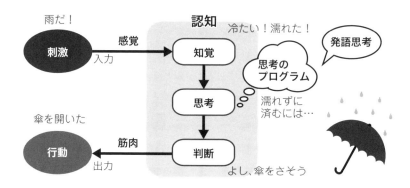

認知心理学の方法論

　思考のプログラムのモデルでは、思考過程をプログラムに「たとえている」だけです。したがって、思考過程とプログラムが「同一」だということを主張しているわけではありません。そうではなく、同じ刺激（たとえば、パズル）を、人間とモデル・プログラムに与えて、同じような出力（そのパズルの解法）が得られれば、人間はモデル・プログラムのように思考している「可能性がある」ということを弱く主張するだけです。しかし、それでも人間の思考過程を解明する第一歩にはなりえます。

　なお、この背景には、チューリング（A. Turing）が提起した「機械は思考できるか？」という問題がありました。この問題に取り組むためには、ある機械（あるいはプログラムを含む人工物）が思考していることを、どうやって判定するかをまず決めなくてはなりません。チューリングは、この問題を「判定者が、別の部屋に入った人間あるいはコンピュータと、タイプライターを通して会話し、その相手が人間なのかコンピュータなのかを区別できないならば、それをもって機械が思考していると認定できる」と規定し直しました。これは**チューリングテスト**と呼ばれ、その後、人工知能（artificial intelligence、AI）の研究領域でさまざまな議論を呼びました。

3.3 理論的土台：認知心理学

👉 発語思考

そうしたモデル・プログラムを作るために、認知心理学者は人間のデータを取る必要がありました。それは昔ながらの内観報告でも良かったのですが、さらに厳密にするために**発語思考**（think aloud）という方法を考えました。これは、何かを考えると同時に、すぐにその内容を言葉にしてしゃべってもらうという方法です。訓練すると、人間は短期記憶の内容を即座にしゃべることができるようになります。このような言語データはプログラムを作るための信頼性の高い材料となりえます。

👉 天秤問題

認知心理学では、思考をどのようにモデル化するのでしょうか。その具体例として、シーグラー（R. S. Siegler）が使った**天秤問題**を取り上げましょう。これは、図3.4のような天秤の状態を与えて、どちらに傾くのか、あるいはつり合うのかを子どもに考えさせるという問題です。

▼ 図3.4　天秤問題

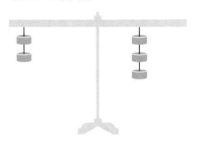

私たちは、このような天秤問題に対して、「重さ×支点からの距離」を計算し、その値を比較することで、どちらに傾くかあるいはつり合うかを予測することができます。このような知識を、**手続き的知識**と呼びます。

✏️ 宣言的知識と手続き的知識

長期記憶には、**宣言的知識**（declarative knowledge）と**手続き的知識**（procedural knowledge）が格納されていると考えられています。

宣言的知識とは、事実についての知識です。たとえば「所沢市は埼玉県にある」のような知識です。また、「先週私は所沢キャンパスに行った」というような知識も宣言的知識ですが、このように時間や場所や人物などの

特定の文脈とともに記憶されている内容を**エピソード記憶**と呼びます。

それに対して、手続き的知識とは、活動をどのように実行するかについての知識です。たとえば「新宿から所沢キャンパスまで行くための手順」のような知識です。手続き的知識は、自転車の乗り方のように自動化されていることもあります。自動化されている場合は、言語化するのが逆に難しい知識になっています。

👉 プロダクション

手続き的知識は、記憶の中では「もし……ならば……する（IF-THEN）」というような形で貯蔵されていると考えられています。このようなIF-THENの形のルールを**プロダクション**（production）と呼びます。

私たちの思考過程は、記憶に貯蔵されたプロダクション「もし……ならば……する」を選び出し、順次それに従って判断をし、何かを実行しているのだとモデル化することができます。「もし熱があるならば、病気である」や「もし熱があって、喉が痛いのであるならば、風邪である」、「もし風邪であれば、病院に行き薬をもらう」というようなプロダクションを記憶の中の知識として持っていて、必要に応じて判断し、実行しています。

👉 天秤問題のプロダクション

もし両側のおもりの位置が同じであれば、次のようなプロダクションだけで正解を得ることができます。

P1：もしおもりの数が同じなら、そのとき「つり合う」と言え
P2：もしX側のおもりの数が多いなら、そのとき「X側が下がる」と言え

しかし、両側のおもりの位置が違う場合は、次のプロダクションが必要になります。

P3：もしおもりの数が同じで、X側の距離が長いなら、そのとき「X側が下がる」と言え

このように問題を解決しながら学習していくことは、新しいプロダクションを自分の記憶に作り出していくことだと考えられます。

さて、図3.4のように、両側のおもりの位置が違い、さらにおもりの数も違い、両者が互いに競合状態になっているときはどうでしょうか。

この場合は、「トルク（力と距離の積で表される量）」という新しい概念を作り出す必要があります。そして次のようなプロダクションを導入します。

P4：もしX側のおもりの数が多くて、X側の距離が短いなら、そのときトルクを計算しろ

そして、トルクに関する次のプロダクションを導入します。

P5：もし「トルクを計算しろ」なら、そのとき「重さ×距離」を計算してトルクとせよ

そして、最終的に次のプロダクションを導入します。

P6：もしX側のトルクが大きいなら、そのとき「X側が下がる」と言え

P4・P6の3つのプロダクションを導入することによって、トルクという新しい概念と、その計算方法を導入し、天秤の傾きについて正しい予測ができるようになりました。

👉 認知心理学から見た学習

天秤問題で見たように、この問題を正しく解決するためには、いくつかのプロダクションが記憶の中にあることが必要です。このように、適切に働くプロダクションを自分の記憶の中に生成していくことこそが、すなわち認知心理学から見た学習ということになります。

3.4 認知を変える技術

 なぜうまくできないかを考える

　記憶と思考のインストラクションを受けただけで、私たちはすぐにそれらの認知技能ができるようになるわけではありません。もしそうなら、教えるという仕事はかなり楽なものになるはずです。しかし、現実はそうではありません。一方、教え手は「教えたのだから、できるはず」という思い込みをしがちです。

　たとえうまく教えたとしても、学び手はすぐにはできるようにはなりません。それはなぜでしょうか。次のような理由が考えられます。

❶ 一度誤った知識を取り入れてしまうと、それを修正するのが難しい（バグ修正の問題）
❷ たとえ正しい知識を取り入れたとしても、それを違った場面や状況で適用するのが難しい（領域固有性の問題）
❸ 問題自体が、さまざまな要因が複雑に絡み合ってできている場合、それらを調整しながら解決にもっていくことが難しい（不良構造化問題）
❹ 自分が今、どのような状況にあるのか、また、何をするべきなのかを判断することが難しい（メタ認知の問題）
❺ 教えられたことを半自動的に、滑らかに行うためには、時間をかけて練習しなければならない（熟達化の問題）

　教え手は、認知技能のインストラクションをするときに、以上の問題を意識して、教え方の工夫をする必要があります。以下に、これらの問題について検討していきましょう。

間違える理由がある

　長期記憶の中にある知識は、必ずしも正しいものばかりではありません。人が何かをうまくできないのは、それを処理するためのプログラムや、スキーマ（プログラムの集合体）が獲得されていないということです。あるいは、間違ったプログラム（バグ）、あるいは間違った概念（誤概念）がすでに形成されてしまっている場合もあります。

　ある人が何かをできないからといって「どうしてできないの？」と問いかけることは、ほとんどの場合、役に立ちません。プログラムがもともとなかったり、バグであったりすれば、できないのは当然のことです。

　だから、教え手は、「どうしてできないの？」と問うのではなく、どのように間違えているのかを細かく観察したり、あるいはテストを行ったりして、バグを同定したり、まだ形成されていないプログラムを推測する必要があります。それこそが教え手の仕事であると言えます。

スキーマ

　互いに関連したプログラムが集まって、大きな枠組みを作っているものを**スキーマ**（schema）と呼びます。私たちは状況に応じて、長期記憶からスキーマを呼び出し、それに従って行動しています。

　たとえば、レストランにはいって、メニューを見て、注文をして、食事をして、支払いを済ませるというような一連の行動は、「レストラン」スキーマと呼ばれるものを参照して、半自動的に実行されると考えられます（スキーマの代わりに「スクリプト（script、台本）」と呼ぶこともある）。

　このように、スキーマを使うことによって、私たちはいちいち考えなくても、適切な行動ができます。逆に言えば、スキーマを持っていない一連の行動を初めてするときは、それぞれの行動ステップを認知的に処理しなければならないので、非常に疲れます。たとえば、初めて外国旅行をしたときのことを思い出してみるとよいでしょう。

　スキーマは一度獲得されると、大変便利なものです。しかし逆に、一度

成立したスキーマは、修正したり、壊すことが難しくなります。この意味で、スキーマは「偏見」になったり、「固定観念」になったり、「思いこみ」になったりする可能性もあります。

誤ったスキーマを診断する

たとえば、2桁の数字の繰り下がりがある引き算を教えている場合を想定しましょう。「73 − 26」を「= 53」と計算している子どもがいたとします。その子どもに対して「違うよ、正しい答えは47だよ」と言う前に、なぜこの子どもがこのように計算しているのかを診断する必要があります。

そうすると、「3 − 6のように、引けないときは、6 − 3のようにひっくり返して引く」という誤ったプログラムを、この子が持っているのではないかという可能性に気づくでしょう。そして、その仮説を確かめるためには、別に「54 − 19」のような問題を解いてもらいます。

このようにして、そのバグが確実なものだとわかってから、「あなたは、このように引いているけれども、それは間違いで、正しくはこのようにするんだよ」というインストラクションに入っていきます。そうすれば、バグを修正し、正しいプログラムに置き換えることができるでしょう。

正解を教えることは、そのままインストラクションになるわけではありません。認知技能の場合は、誤ったスキーマを診断して、それを置き換えていくことによってインストラクションが成立するのです。まずは、相手がすでに持っている誤ったスキーマを診断することが重要です。

▼ 図3.5　バグを正しいプログラムに置き換える

3.4 認知を変える技術

応用できない理由がある

　適切なプログラムを持っているからといって、いつでもそれを活用できるわけではありません。練習問題は解けても、応用問題が解けないことがあります。練習のときには完璧にできていたのに、本番になるとうまくいかないことがあります。公式は覚えていたのに、それを使えばよいことにまったく気がつかないこともあります。

　もし、適切なプログラムが生成されているだけですべてうまくいくのであれば、このような応用ができない事態は起こらないはずです。しかし、現実はそうではありません。原理を適用すればよいことを知っているにもかかわらず、それが適用できないことが多いのです。これはなぜなのでしょうか。

ウェイソン課題

　次の問題を考えてみましょう。

　カードの一方にはアルファベットが、その裏には数字が書かれています。いま「母音の裏には偶数が書かれている」という命題が正しいかどうかを確認したいのです。次の4枚のカードのうち、少なくともどれを裏返してみることが必要でしょうか。

▼図3.6　ウェイソン課題

この問題を、考えた人の名前をとって**ウェイソン（Wason）課題**と呼びます。この課題は大学生でも数割の人しか正解を言うことができません（答えはこのページの脚注）。

　それでは、次の問題を考えてみましょう。A、B、C、Dの4人は何かを尋ねられると、それぞれ図3.7のように答えます。この中から「20歳未満の人はアルコールを飲んではいけない」という法律に違反している人を探すには、少なくともどの人に聞いてみることが必要でしょうか。

▼図3.7　ウェイソン課題と同型の課題

　この「アルコール問題」は、どうでしょう。簡単に正解が見つけられたに違いありません。

　実は、この「アルコール課題」は、前のウェイソン課題とは、論理的構造がまったく同じものなのです。しかし、アルコール問題では解くのが易しく、ウェイソン課題では難しくなっています[*1]。

　これは、同じプログラムが働いているとしても、その文脈によってそのプログラムが正しく使えたり、使えなかったりするということにほかなりません。

[*1]　ウェイソン課題の正解：Eのカードと7のカード。アルコール課題の正解：16歳の人とビールを飲んだ人に聞く

領域固有性と転移

　最初にそのプログラムを獲得した領域では、そのプログラムが正しく使えます。しかし、別の領域や文脈が変わってしまうと、そのプログラムを利用することができないことがしばしば起こります。これを**領域固有性**（domain-specificity）と呼びます。逆に、領域を飛び越えて、別の場面でもプログラムを利用できることを**転移**（transfer）と呼びます。アルコール課題が正解できたのに、ウェイソン課題が解けなかったのは、アルコール課題で使うことのできた知識、つまりプログラムがウェイソン課題には転移しなかったということになります。

　一般に、領域固有の知識は強く長く保持されます。それはリアルな状況の中で、少しずつ累積されて獲得されたプログラムだからです。その一方で、領域固有ではなく、一般的に使われることを目指した抽象的な知識は、弱く短い期間しか保持されません。学校で教えられる知識の大部分は、一般的に使われることを目指したものです。しかし、それは逆に、弱い知識にしかならないのです。テスト前に一夜漬けで覚えた知識は、テストが終われば忘却されます。それは単に一夜漬けという覚え方によるものではなく、一般的な知識であるがために、そもそも保持されにくい知識だからです。

　さらに言えば、学校で教えられる知識は、学校の教室内で通用する知識としての領域固有性を持っているといえます。そのために学校のテストでは良い点数をとっても、毎日の生活における活動に応用できるかというと、必ずしもそうはなりません。つまり、学校の知識が、現実場面に転移しにくいものになっているということです。

▼図3.8 領域固有の知識が転移しない例

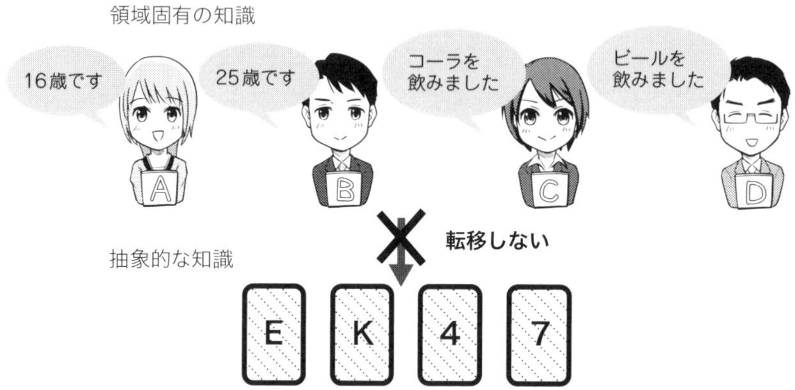

領域固有の知識

A: 16歳です
B: 25歳です
C: コーラを飲みました
D: ビールを飲みました

抽象的な知識　　転移しない

E　K　4　7

👉 転移を促進する

とすれば、認知技能のインストラクションでは、できるだけ転移を促進しなければなりません。単に、正しい知識や、一般的な原理、公式を教えただけで、それを適切な場面で利用できなければ、まったく不十分です。学び手が、その知識を適切に使えるようになって、はじめてそれを「教えた」と呼ぶことができます。そのためには、1つの原理や公式を、さまざまな場面やケース、文脈の中で使うという練習をさせなければなりません。

👉 不良構造化問題

数学が好きな人の意見を聞いてみると、「筋道をきちんと立てればうまく解けるし、正解が1つにバシッと決まるので気持ちが良い」という意見があります。その一方で、作文などは、正解が1つに決まるというものではありません。

作文の課題のように、問題全体の構造が複雑に絡み合っており、下位の問題を相互に調整しながらでないと解決できないような問題を**不良構造化問題**と呼びます。「数学は好きだけど、作文は苦手」という人は、こうした不良構造化問題が苦手なのです。不良構造化問題には、作文以外にも、旅行やイベントの計画と手配など、現実場面では数多く現れます。

たとえば、作文では次のような課題を、同時に並行して考えなくてはなりません。

❶ 読者はどんな人か
❷ どれくらいの分量で書くか
❸ どういう文体で書くか
❹ 全体の段落構成をどうするか
❺ 今、書いている段落の内容をどうするか
❻ 今、書いている文の内容をどうするか
❼ 今、書いている単語でよいかどうか
❽ その単語を漢字にするか、ひらがなにするか
❾ ………

人間の短期記憶（作業記憶）の容量には限界があります。したがって、こうした不良構造化問題を解決していくのは難しいです。それは、一度にたくさんのことについて判断していかなくてはならないからです。問題の構造が複雑で、同時にゆるいものであればあるほど、たくさんの判断が要求され、結果としてそれが問題解決を困難なものにしています。たとえば、あるテーマについて、レポートを書くことが困難なのは、判断をしなくてはならないことがたくさんあるからです。

一度にやる作業を限定する

では、不良構造化問題を解決し、うまく知的な作業を進めるにはどうしたらよいでしょうか。それは、一度にやる作業を限定することによって、不良構造化問題を良構造化問題に転換していくことです。

作文の例で言えば、全体の構想を考えているときは、それに集中することです。また、ある段落を書いているときは、その作業に集中します。このようにすることで、一度に考えなければならない情報量を限定することができ、短期記憶の容量の範囲内で作業ができるのです。

📝 メタ認知

　私たちは、自分が今何を考えているのかについてモニターすることができます。たとえば、テレビドラマを見てそのストーリーを理解しているときに、明日プレゼンテーションをしなくてはならないことを思い出し、テレビを消してその準備に取りかかることができます。このように、私たちには、自分の心的過程をモニターし、それをコントロールする能力があります。これを**メタ認知**（metacognition）と呼びます。メタ認知とは「自分の認知についての認知」という意味です。

　学習する上で重要なメタ認知の機能には、次のようなものがあります。

- 自分の行動の結果を予測する能力
- 自分の行動の結果を評価する能力
- 自分の活動の進み具合をモニターする能力
- 自分の活動は現実に対して合理的かを確かめる能力

　成績の悪い生徒は、自分が教材を理解していないことや、何がわかっていて、何がわかっていないことなのかがわかっていないケースがあります。自分の理解に問題があるということに気づいていなければ、それを克服することも不可能です。このようにメタ認知の能力は、学習を進める上で非常に重要な能力と言えます。

☞ メタ認知を育てるグループ学習

　メタ認知的能力を育てるにはどうすればよいでしょうか。

　1つの方法として、グループ学習があります。グループ学習では、他のメンバーに説明する必要性がよく生じます。自分の知識を明示的に言葉にすることで、今自分が何を考えているか、問題解決過程のどこに位置するのか、何がわかっていて、何がわかっていないのかということを明らかにすることができます。

こうしたことを言葉にするためにはメタ認知を使わなければできません。したがって、グループ学習をすることによって、メタ認知を使う機会が増え、その結果としてメタ認知的能力を育てることができます。

また、自分の意見を言うことによって、他者からその発言に対してのさまざまな吟味や批判がなされます。それを受け取ることにより、他者の視点を自分のものとすることができます。その結果、他者が実際にいないケースであっても、自ら、他者的な立場で自分の認知過程について、批判的な吟味を行うことができるようになります。

以上のように、グループ学習はメタ認知的能力を向上させるのに効果的です。それは、グループメンバーが議論をすることそのものではなく、議論をするために、自分の意見を説明することと、他人の意見をよく聞くことの2つの行為が、メタ認知的能力を促進しているのです。

▼図3.9　グループ学習によるメタ認知の促進

熟達化

　私たちが、ピアノを弾けるようになったり、将棋が指せるようになったり、病気の診断が的確にできるようになったりするためには、どれくらいの時間がかかるでしょうか。ノーマン（D. A. Norman）は、こうしたことがらを学習するためには最低限で5000時間が必要であることを観察しています[*2]。5000時間は、毎日8時間、週5日を訓練に費やしたとすれば、約2年半で達成できる時間です。「石の上にも3年」ということわざがあります。5000時間仮説によれば、3年間という期間はあながち根拠のないものでもないかもしれません。

　さまざまな分野での熟達化過程を研究しているエリクソン（K. A. Ericsson）は「10年修行の法則」を提唱しています。彼は、国際的に活躍できるレベルの熟達を得るには、どんな分野においても最低10年間は、集中した日々の練習が欠かせないと主張しています。

　このように、ある領域について高いパフォーマンスを示すためには、一定時間の訓練が必要です。認知心理学者は、学習とはあることがらについて熟達する過程であると考えています。熟達化とは、多くの注意をはらわなくてもあることが自動的にできるようになり、それによって、複数のことがらを同時に処理できるような認知構造を作ることだと言えるでしょう。

　このように複雑な技能が滑らかに発揮されるとき、それを「プロの技」と呼びます。スポーツ選手、音楽の演奏家、料理人、プログラマー、作家、アニメーター、など、領域を問わず、プロのレベルに達した人たちは、例外なく、自動的に実行できるスキル群を持ち、それらを臨機応変に作動させることができます。

[*2] 『認知心理学入門―学習と記憶』（ドナルド・A・ノーマン著、富田達彦訳、誠信書房）

3.5 応用デザイン

アンカード・インストラクション

　獲得された知識には領域固有性があり、それを別の場面に転移させることは難しいことだということがわかっています。それを克服するためには、提示された知識を「自分にとって意味のある文脈」の中でその知識を獲得していくことが有効です。この点で工夫した教え方を**アンカード・インストラクション**（anchored instruction）と呼びます。これは、一般的な知識を、意味のある文脈に碇を降ろすように獲得させるという意味です。

　その一例が、ジャスパー・プロジェクトです。これは小学校高学年から中学生を対象にしたビデオ教材で、主人公のジャスパーが冒険の中で出会う問題が描かれています。たとえば、最初のエピソード「シーダークリークへの旅」は、ジャスパーがクルーザーの中古物件を広告で見つけ、持ち主に会いに行き、購入したそのクルーザーで川を下って家に帰ってくるというストーリーです。クルーザーのヘッドライトが壊れているので、日が沈む前に家に着かなくてはなりません。この課題を解決するために、学習者は次のような情報が必要なことを話し合います。日没の時間、売り主からジャスパーの家までの距離、クルーザーの進む速度、川の流れの速度など。こうした情報を得て、計算して、最終的には何時にジャスパーの家を出発しなければならないかというプランを立てていきます。

　アンカード・インストラクションでは、このように、ある程度複雑で現実感のある状況設定の中で、必要な情報と不要な情報を見分け、また、抽象的な計算や考え方を現実に当てはめていく学習が行われます。こうしたことによって、抽象的な知識を現実場面にアンカーしていくのです。

📖 この章を学んでみて

認知心理学ってすごいですよねえ。その人がどんなバグを持っているかを診断できれば、その人に合った教え方ができるじゃないですか。

バグを個別に診断するだけでもけっこう大変よ。

でも、あとはそのバグを取り除くだけですよね！

とはいっても、人間は自分がすでに持っている認知をなかなか捨てられないものよ。相野ちゃんだって人から言われたことのすべてを、すぐに受け入れられるわけじゃないでしょ？

う〜ん、そういえばそうですね。

私たちが持っている認知は、日々使われていて、それがうまくいっている限りは、固定化されてるから、なかなか変わらないよ。

うまくいっているかどうかを判断するのも認知ですよね。

そうそう。そして、本当はうまくいってなくても、うまくいっているようにねじ曲げてとらえるのも認知の働きよ。

メタ認知がうまく働いていないということですね。誰でだって、うまくいっていないことを認めるのは嫌ですもんね。

そこが、認知を変えることの難しさね。同時に、教えることの難しさでもあるわ。教えることというのは、最終的には、その人の認知を変えることだからね。

なるほど。行動分析学的には、教えることは、行動を修正したり、今までできなかった行動をできるようにすることでしたね。対して、認知心理学的には、教えることは、認知を変えたり、今までなかった認知を獲得させることなんですね。

そうそう！

自分の言葉でまとめると、頭の中が整理されるような気がします。

付け加えるなら、認知と行動とは対立するものではなくて、緊密に結びついているのよ。行動を変えれば認知も変わるし、逆に、認知を変えれば行動も変わるの。

インストラクションでは、行動にアプローチする方法と、認知にアプローチする方法をマスターして、2つを組み合わせればいいんですね！

確認問題

問題1

次の用語に関するものをア〜カの中から選んでください。

- チャンク（　　　　）
- 維持リハーサル（　　　　）
- プロダクション（　　　　）
- バグ（　　　　）
- 体制化（　　　　）
- スキーマ（　　　　）

ア．友達の誕生日を聞いて手帳に書き込むまで、心の中で何度も日付を繰り返す
イ．英単語は、動詞、名詞、形容詞などに分けながら覚えた
ウ．妹は算数の公式を間違えて覚えているようだ
エ．外国のレストランで会計をしようとしたら、レジではなくテーブルで支払うことに気づいた
オ．朝、天気予報を見たら降水確率が高かったので、傘を持って出かけることにした
カ．2242362482510は、224（$2 \times 2 = 4$）、236、248、2510と区切ればすぐに覚えられる

問題2

人が何かをうまくできない場合には理由が考えられます。以下の状況についてカッコ内の用語を使って、例を挙げながら説明してください。

1. 何度やっても間違える（バグ）
2. いろいろな条件が絡んでくると問題をうまく解決できない（不良構造化問題）
3. 応用が利かない（転移）

問題3

メタ認知能力を育てる方法の1つにグループ学習があります。その理由を、グループ学習でメタ認知が使われる具体的な状況を挙げて説明してください。

（解答は235ページ）

第4章

態度の
インストラクション

この章では、態度の育成に適したインストラクショナルデザインについて解説します。態度は命令で変えられるものではないので、状況的学習論を元にコミュニティを活用する必要があります。

4.1 態度とは何か

ガニエの「態度」の定義

ガニエの学習成果の5分類における**態度**は、「ある物事や状況を選ぼう／避けようとする気持ち」と定義されています。その具体的な行動は「選択する」ということです。

たとえば、「町をきれいにしたい」という態度を持っている人は、ゴミが落ちているのを見たら、それを拾って、ゴミ箱に捨てるでしょう。それは毎回ではないかもしれません。つまり確率的な事象です。何回かに1回の確率でゴミ拾いをするならば、その人は「町をきれいにしたい」という態度を持っていると判断されます。そのときに、その人はゴミを拾うという行動を「選択」しています。その行動の選択頻度が高ければ高いほど、町をきれいにしたいという態度を強く持っていると判定されます。

態度の操作的定義

さて、「町をきれいにしたいですか？」と聞かれれば、たいていの人は「したいです」と答えるでしょう。しかし、実際に落ちているゴミを拾う人はそう多くはありません。この両者間のギャップから学ぶことは、ある態度について直接的に言葉で質問して、その回答を得たとしても、その回答はあまり信頼できないということです。ただ「そう思っている」というだけでは、態度とは言えません。したがって、態度を測定するためには、それを目に見える行動の形で定義しなければなりません。このような定義の仕方を**操作的定義**（operational definition）と呼びます。

態度とは、ある事象に対する知識やスキルが備わっていて、なおかつそれを行動として選択し、実行できるということです。したがって、運動技

能や認知技能が、まだ準備されていなければ、考えとして「そうしたい」と思っていても、行動として実行できないでしょう。態度というのは、運動技能と認知技能をコントロールする機能を持ち、それらを選択し、実行する心理的プロセスです。

▼図4.1　態度の位置づけ

ブルームの「情意的領域」

ブルームの情意的領域は、ガニエの態度と同じものを扱っています。たとえば、「読書に関する情意的目標」では、次のような行動（傾向）が挙げられています[*1]。

・読書の時間をもっと持ちたいと思いますか？
・本を読み始めたら2、3日のうちに読んでしまいますか？
・図書館や本屋であちこち拾い読みしながら時間を過ごすことがありますか？
・自分が読んだ本に関して他の人の意見を聞くのが好きですか？

このような行動がひんぱんに観察されれば、その人は「読書好き」という態度を持っていると認定することができます。

[*1] タキソノミーの詳細分類とテスト項目例
http://www.gsis.kumamoto-u.ac.jp/opencourses/pf/2Block/04/04-taxonomy-hyou.html

4.2 態度を変える技術

 態度は命令できない

　特定の態度をインストラクションすることはできるのでしょうか？　まず明らかなことは、文脈のない状態で、態度を教えることはできない、ということです。

　態度とは、特定の運動技能あるいは認知技能を行動として実行することの選択ですから、必要な運動技能あるいは認知技能が備わっていなければ、そもそもその行動を起こすことができません。

　一方、必要な運動技能あるいは認知技能が備わっていたとしても、それを行動として起こすかどうかは態度次第です。たとえば、ゴミを拾うという行動は誰でもできるけれども、それを実行する確率は、その人の「特定の文脈におけるゴミに対する態度」に依存するでしょう。

　その人に「そこに落ちているゴミを拾ってください」と命令することは容易です。そして、それを聞いてゴミを拾ってくれることもあるでしょう。しかし、それは「ゴミを拾う態度」を教えたということにはなりません。もし、ゴミを拾う態度が獲得されたなら、何も言わなくても、ゴミを拾うという行動が自発されなくてはならないからです。あることを命じて、それに従わせることは可能です。しかし、それと態度を獲得させることはまったく別のことです。

 態度とコミュニティ

　さて、その人の態度はどのようにして作り上げられたのかということを考えるなら、それは、その人が属しているコミュニティ（共同体）から明

示的に教えられるともなく、学習した結果であると考えられます。

　コミュニティとは、家族、近所、学校、サークル、職場など、その人が「所属している」という感覚を持つ集団です。そのコミュニティのメンバー全員が、自発的にゴミを拾う行動を起こしているならば、そのコミュニティメンバーは、自然にゴミ拾い行動を実行し、その結果として、そうした態度を身につけるでしょう。

　文脈のない状態で態度を教えることはできない、ということは、コミュニティという背景なしに態度を教えることはできないということです。

価値体系を学ぶ

　コミュニティと態度の学習との関係を考えるために、師匠と弟子の関係である「徒弟制」というコミュニティを取り上げてみましょう。

　徒弟制において、弟子入りした新入りが、最初のうちは、掃除などの雑用しかさせてもらえないのは、その徒弟内の価値づけを学習しているととらえることができます。つまり、掃除をさせるのは、掃除のスキルを学習させるためではない（おそらくそのスキルだけであれば、すでに持っている）。そうではなく、掃除という行為が、その徒弟コミュニティ内では、新入りがまずすべき仕事であること、そして、師匠から奥義を教えてもらうためには長い道のりが待っている、という価値体系、言い換えれば、徒弟制のシステム構造を学ぶのです。

　つまり、掃除ということ自体に意味があるわけではなく、掃除という仕事が新入りのための仕事であるという約束に意味があるのです。そして、時間を経て、新入りが掃除という仕事から次の別の仕事を与えられること、そのこと自体が、その新入りが次の段階に入ったことの目印となるのです。そのような道のりの中で、徒弟制の中でのふるまい方、言い換えれば、価値体系を学んでいきます。それが、態度の学習であると言うことができるでしょう。

態度のインストラクションは可能か

　再び、態度のインストラクションは可能か、という問題に立ち戻るならば、直接態度をインストラクションすることはできないと答えられるでしょう。態度は、特定のコミュニティの中でのふるまい方を含む、価値体系と言えるからです。特定のコミュニティの価値体系を獲得するためには、時間をかけて、そのコミュニティメンバーとしての経験を重ねることが必要です。

　しかし、学校や企業やさまざま組織においては、そこに所属するメンバーに対して、その組織で「良い」とされる態度をできるだけ早く身につけさせたいと考えているでしょう。そのために研修を開いて、その組織の歴史や沿革、創始者の考え方、目指しているミッションといった内容を教えるのです。しかし、知識としてそれらの内容が頭に入ったとしても、それを自分の行動指針として取り入れるかどうかは別の問題です。つまり、自分の態度としてそうした内容を「採用」するかどうかというところが問題なのです。

　そうした意味で、態度のインストラクションは直接することもできないし、即効性を持つようにすることもできないと言えるでしょう。しかし、態度の育成を促進する手立てがまったくないわけではありません。それを考えていきましょう。

4.3 理論的土台：状況的学習論

 認知を制約するもの

　認知心理学者が考えるように、確かに人は頭の中に表象を持ち、記憶の中のスキーマやプログラムを用いて、計画を立てたり、問題解決をしたり、判断をしたりしています。しかし、実際には、そうした活動は頭の中だけで閉じているわけではありません。外界からさまざまな情報を引き出したり、他の人の話を聞いたり、相談したりして、問題解決に役立てています。

　また、頭の中では多様な解決策が考えられても、実際には、現実的な条件や制約があるので、すべての可能性を試すことなく、解決策は少数の中から選べばよい場合がほとんどです。たとえば、今日の昼食に何を食べるかを考えたときに、私たちはありとあらゆるメニューを思い浮かべているわけではなく、現在いる場所、手持ちのお金、1人か複数人かというような環境の制約によって、割と簡単に決めることができます。

　まとめると、人が外界から情報を取り込み、認知的プロセスを経て、行動するということについては疑いがありません。しかし、すべてを認知的プロセスが決定しているわけではなく、むしろ人を取り巻く環境が認知的プロセスを制約し、そのために人の認知活動はそれほどの負荷がかかることなくうまく働いていると言うことができます。

 アフォーダンス

　ジェームズ・ギブソン（J. J. Gibson）は、人間の認知の情報処理的な考え方に対して、独自の理論を展開しました。その1つが、**アフォーダン**

ス（affordance）です。アフォーダンスとは、「環境が生物に提供するもの」ということを指しています。

たとえば、座る面が水平で、横長のベンチは、人に「座ること」を提供、つまりアフォードしていると考えられます。このベンチには座ることもできますが、同時に、横になり、寝そべることもできます。つまり、「寝そべること」もアフォードしています。しかし、座る面を、水平ではなく、傾いたものにしたベンチについて考えてみましょう。相変わらず、座ることはできる。しかし、寝そべろうとすると、ずり落ちてしまうので具合が悪くなる。つまり、傾いたベンチは「寝そべること」をアフォードしません。

こうした判断は、人がいちいち計算しているわけではなく、環境にそもそも備わっているものであって、人はそれを直接受け取るのだとギブソンは考えました。これが、アフォーダンスの概念です。

▼図4.2　環境からのアフォーダンス

アフォーダンスの考え方は、知覚・認知の領域だけではなく、他領域に影響を及ぼしました。特に、ヒューマンインタフェースや道具のデザインの領域では、ユーザーを目的の行為にアフォードするようなデザインをするべきだという主張がなされました[*2]。

---

*2 『誰のためのデザイン？―認知科学者のデザイン原論』（ドナルド・A・ノーマン著、野島久雄訳、新曜社）

そして、アフォーダンス的な見方は、教育におけるマインド重視・環境軽視から環境重視に振り子を戻しました。アフォーダンス的な見方では、環境は、認知的処理を制約し、決定する要因として扱われます。知識や能力のようなものは内的な情報と考えられ、環境の中にあって処理を制約するアフォーダンスは外的な情報としてとらえられます。この２つの相互作用が人の反応や行動を決めていると考えることができます。

認知を制約するもの

行動分析学が、行動とそれによる環境の変化の随伴性（伴って起きること）がその次の行動を制御するというモデルを取った（第２章）のに対して、認知心理学は、頭の中の認知プロセスに焦点を合わせました（第３章）。そして、再度振り子は揺り戻されて、内的な認知プロセスと外的な環境からの情報の双方が学習に関与しているという立場が主流になりました。

このように考えると、人はいつでも環境から何かを学んでいると言えるでしょう。その環境というのは、学校や教室や教科書や教員というような、教えることを目的とした環境だけではなく、日常的な生活、地域の人付き合い、趣味のサークル、職場での仕事というようなあらゆる環境の中から何かを学んでいます。

そこから学んでいるものは、正しい知識やスキルというような学校的なものではなく、暗黙的な知識やコツ、あるいは、ある場所でどうすれば適応的にふるまえるかというような、広い意味での学習です。このような学習を、**状況的学習**（situated learning）と呼びます。

このように「学習」という言葉を、さまざまな場での状況から何かを学んでいくことのように拡張することで、学習を社会的な営みとして捉え直したのが状況的学習論です。

4.4 正統的周辺参加

コミュニティへの参加の過程

レイヴとウェンガー（J. Lave & E. Wenger）は、『状況に埋め込まれた学習』という本の中で、文化人類学的な研究を検討し、「学習とは実践コミュニティ（community of practice）への参加の過程である」という考え方を示しました。具体的には、仕立屋や、海軍の操舵手、肉加工職人などの徒弟制度を分析しました。

徒弟制度では、図4.3に示すように、徒弟コミュニティの外の人が、コミュニティに新人（新入り）として入門し、修行を経て、中堅、ベテラン、そして最終的にはコミュニティのマスターになるという道のりがあります。このような実践コミュニティへの参加の仕方を、**正統的周辺参加**（Legitimate Peripheral Participation：LPP）と呼びました。

▼図4.3　実践コミュニティへの参加の過程

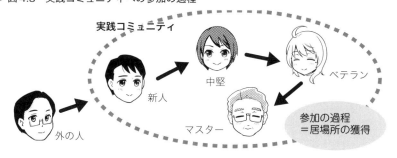

正統的周辺参加では、はじめから重要な作業をさせてもらえるわけではなく、掃除などの下働きをしながら徐々に仕事を覚えていきます。また、

明示的にベテランが新人を教育するということはなく、現場において日常の活動の中で新人が自発的にさまざまな知識やスキルを盗み取っていくという過程になります。

レイヴとウェンガーはこのような参加の過程こそが学習なのだ、と主張したのです。そして、参加の結果として、コミュニティの中での自分のポジションあるいは居場所、言い換えればアイデンティティが獲得されるとしました。

行動分析学や認知心理学が、学習の過程を知識やスキルを何らかの方法で「獲得する」ととらえたのに対して、正統的周辺参加の考え方では、学習の過程をあるコミュニティに「参加する」ことだととらえました。コミュニティに参加することによって、自分の技能と知識が変化し、まわりと自分との関係が変化し、自分自身の自己理解が変化していくことになります。それらすべてを含めて学習ととらえたのです。

実践コミュニティ

『状況に埋め込まれた学習』では、主に徒弟制を実践コミュニティの例として取り上げています。しかし、社会の中には、他にもたくさんの実践コミュニティがあります。たとえば、サークル、大学の研究室、断酒グループ、宗教的なカルトなどが考えられます。

コミュニティの原型は、住む土地で結びつけられた地域社会です。しかし、現代では、伝統的な近所づきあいが薄れてきています。その代わりに、さまざまなテーマで結びつけられた実践コミュニティがあります。

実践コミュニティが成立する条件は次の3つです。

第一に「領域」。これはコミュニティメンバーの共通基盤となるテーマです。第二に「メンバーの交流」。コミュニティでは、お互いの尊重と信頼による相互交流の活動が行われています。第三に「実践」。実践は、そのコミュニティが生みだし、共有し、維持する特定の知識が蓄積されたものです。伝統もこれに含まれます。

実践コミュニティとそれ以外の組織やチームを比較すると次のような違いがあります*3。

　たとえば、企業の中のプロジェクトチームと実践コミュニティを比較してみましょう。プロジェクトチームのメンバーは明確に決められており、その目的は特定の職務の遂行です。一方、実践コミュニティのメンバーはそのテーマに関心がある人々が自発的に集まってきますので、その境界線は曖昧です。また、その目的も明確なものではなく、知識の創造、拡大、交換をすることと、それによってメンバー個人の能力が開発されることです。

　プロジェクトチームはプロジェクトが完了した時点で解散します。しかし、実践コミュニティは明確な終了時点は決められておらず、むしろコミュニティが有機的に進化し続けます。テーマが有用なものであり、またメンバーがコミュニティに価値と関心を抱き続ける限り継続されていくのです。メンバー同士のつながりは、プロジェクトチームにおいてはプロジェクトの目標とマイルストーンによって確保されています。しかし、実践コミュニティでは、そのように明確化されることはなく、メンバーのコミットメントとコミュニティへの帰属意識によってつながれているのです。

　このように、実践コミュニティにおいては、まず領域テーマの共通性によって、メンバーが自発的に集まり、メンバー同士が活発に交流することによって、実践が蓄積されていきます。このようなプロセスを繰り返すことによってコミュニティが有用性を持っている限り、進化し続けるのです。

---

*3　『コミュニティ・オブ・プラクティス―ナレッジ社会の新たな知識形態の実践』（エティエンヌ・ウェンガー他著、翔泳社）

4.5 状況的学習論から教えることへ

真正の文化

　状況的学習論の学習観は、知識や技能の習得を、現実のコミュニティの中での仕事や役割を遂行するための手段と位置づけたことに特徴があります。つまり、知識や技能は現実の複雑な文脈の中に埋め込まれ、実際に役に立つものとして位置づけられています。

　そうした知識と技能の実践によって、人はあるコミュニティの中での自分の居場所を確定し、それが自己のアイデンティティになっていきます。そこでは、何のために知識と技能を習得するのかは自明なことです。それは、そのコミュニティでの自分の役割を果たすためにほかなりません。

　コミュニティでは、伝統という名前で、実践活動が蓄積されていきます。伝統の中で、そのコミュニティ特有の文化が成立するようになります。これを**真正の（authentic）文化**と呼びます。

学校のカリキュラムと真正性

　学校のカリキュラムの中で教えられる内容は、科学者たちや研究者たちが築き上げた理論や世界観、あるいは広く文化を反映しています。教科内容を決めたり、教科書を執筆するにあたっては、そうした専門家たちの意見が色濃く反映されています。つまり、科学者・研究者たちは自分たちの真正文化を学校教育のなかに反映させようとしています。たとえば、問題を発見して、仮説を立てたり、データを集めて検討したりして、それを論文にまとめるというような活動は科学者コミュニティの中の真正な文化と言えます。

　しかしながら、たとえそうした意図を持って設計されたカリキュラムで

あっても、実際の学校の文化は、科学者コミュニティの文化とは異なるものです。

現実の学校の文化というのは、たとえば、与えられた知識をそのまま覚えたり、試験のためにテクニックに熟達したり、教室の中で先生に気に入られたり、友だちから仲間はずれにされないようにうまく振る舞うことであったりします。それは科学者の真正の文化とはまったく異なる文化です。

科学者の文化を伝えようとした内容が、科学者の文脈のない教室に導入されたときには、正しく伝えられないということです。そこでは、何のために、どのようになりたいがために、これをやっているのかという暗黙の文化的側面が抜け落ちてしまっているからです。

認知的徒弟制

正統的周辺参加モデルの元となった、伝統的な徒弟制では、知識や技能は仕事に使われるものであり、現実の複雑な状況下(文脈)の中で習得されるものとされました。

この習得にはいくつかの段階があります。まず、徒弟は親方の仕事ぶりを手本として繰り返し観察する(**モデリング**)。次に、親方の助けと指導を借りて仕事を実行してみる(**コーチング**)。この段階では、親方は仕事が完成するまで責任を持って援助をします。そして、最後の段階では、親方の支援は徐々に少なくなっていき(**スキャフォルディング**)、最終的に徒弟1人が自力で仕事をこなすようになる(**フェーディング**)。

この伝統的徒弟制を教育に活かそうとしたのが、ブラウンたち(Brown, Collins & Duguid, 1989)による**認知的徒弟制**(cognitive apprenticeship)です。これは、現実的な文脈の中で、仕事に必要な知識を学んでいくという伝統的徒弟制の特長を生かし、さらに、目に見える技能よりもむしろ一般化できる認知プロセスに焦点をあわせています。

4.5 状況的学習論から教えることへ

▼図4.4　徒弟制の4段階

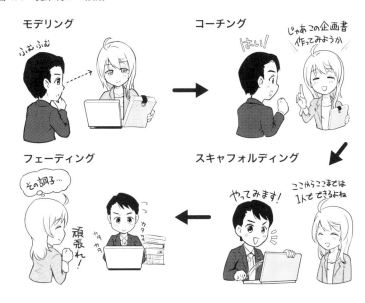

認知的徒弟制の教え方は次のようにまとめられます。

❶ モデリング：手本となる熟達者が実際にどのように問題解決をしているのかを観察させる。それにより、どのようにしたら課題を達成できるかを学習者が概念化できるようにする
❷ コーチング：実際に問題解決に取り組んでいる学習者に、熟達者が1対1でついて、ヒントを出したり、フィードバックを出したりして、指導する
❸ スキャフォルディング：一通りのことができるようになったら、学習者が独り立ちできるように手助けの範囲を限定し、サポートする
❹ フェーディング：学習者が独り立ちできるようになったら手を引いていく

しかし、逆から見れば、伝統的徒弟制の弱点は、それがあまりにも文脈に埋め込まれているために、応用が利かないという点にあります。認知心理学の章で言及した「領域固有性」が強く効いているからです。

状況的学習と非状況的学習の比較

徒弟制に見られる状況的学習は、熟達者を育成するのには強力な方法です。しかし、人的資源を含めて、コストが高くつくことが欠点と言えます。それ以外の一般的な課題として、コリンズ（Collins）[*4]は、状況的学習と非状況的学習の問題を次のようにまとめています。

状況的学習の問題（伝統的徒弟制に見られる弱点）
- 柔軟性の問題：1つのことを1つの方法でしかできない
- 学習の問題：全体の知識を体系化できない
- 転移の問題：獲得したスキルを文脈の違う状況に適用できない

非状況的学習の問題（学校カリキュラムに見られる弱点）
- 動機づけの問題：一体自分が何をやっているのかを見失ってしまう
- 不活性の問題：習った知識を現実生活の問題にどう適用してよいのかわからない
- 保持の問題：抽象的な知識はそれを使わなければすぐに忘れていってしまう

熟達した学習者は、抽象的な知識とスキルを中心に持ち、それを現実のさまざまな状況に適応できることができます。何かを教える立場の人たちの課題は、こうした熟達した学習者を育てるための学習環境を設計することにあると言えるでしょう。

[*4] Collins, A. 1994 Goal-based scenarios and the problem of situated learning: A commentary on Andersen Consulting's design of goal-based scenarios. Educational Technology, 34(9), 30-32.

4.6 応用デザイン

 状況的学習論によるデザインの工夫

　学校教育に見られるような非状況的学習の弱点をカバーするために、インストラクションの中にいくつかの工夫を加えることができます。

　学習者が取り組む課題シナリオには、意味のある（現実味のある）文脈を与えるようにします。このことによって、今取り組んでいることがどのようなゴールに向かっているものかを学習者が確認でき、そのことによって動機づけが高まります。

　さまざまな方略、知識、ツールを必要とするような複雑性の高い学習環境を設計します。意味のある課題シナリオに対応して、複雑な環境を用意します。ただ頭の中で考えるだけではなく、他のメンバーを含めたさまざまな外部資源を利用していくことによって状況的な学習が促進されます。

　モデリング、コーチング、スキャフォルディングなどによって、軌道修正の可能性を常に持たせます。学習者が上達するに従って助言や支援を徐々に減らしていくことにより、独り立ちできるようにします。

　学習によってある程度の課題解決ができるようになったら、まったく新しい課題に取り組ませるようにします。また自分が何を獲得したかについて意識させることによって、「学習の仕方を学習するスキル」を伸ばします。このことによって、スキルを特定の課題に限定されることのないように拡張します。

ゴールベース・シナリオ

　シャンク（R. Schank）は、状況的学習の特徴を学習コースに実現する枠組みとして、**ゴールベース・シナリオ**（GBS：Goal-Based Scenario）を提案しました。GBSに基づく教材はまず、文脈となるシナリオを提供します。あなた（学習者）の役割はどんなものか、あなたを取り巻く現在の状況はどうなっているのか、を「カバーストーリー」によって記述します。その上であなたのミッション（使命）を明確にします。

　そのシナリオの中で、学習者が役割を果たすことによって学習が進んでいきます。そのとき、そこで得られる知識やスキルは明示化されません。学習者はシナリオの提供する状況の中で練習をしたり、決断をしたり、表現したりすることを求められます。しかし、それは「これを学びましょう」という形で提供されるわけではなく、ミッションを果たすためにしなければならないことなのです。

　ミッションを果たすときには、学習者は1人ではありません。必要に応じて、コーチや専門家の話を聞き、フィードバックを受けることができます。また、意思決定などをするのに役立つ情報（リソース）にはいつでもアクセスできる状態にあります。

　以上のようなシナリオと学習環境の中で、与えられた役割をもってミッションをこなしていきます。たとえば、環境保護局員という役割で、市民集会の運営を訓練するシステムがあります。そのシナリオでは、住民の中の対立するグループの利害を調整していくことが仕事となります。その過程でスピーチをしたり、集会での質問に答えたりしながらミッションを果たしていきます。

　このようなシステムはパソコンやタブレットを介して提供されますので、基本的には個別学習の形態です。個人のペースや時間に合わせて学習が進められます。学校内のクラスでこのようなシステムを使って授業をする場合は、ある程度まではパソコンやタブレットを使った個別の学習で進め、全員の知識やスキルがそろったところで、スピーチや集会形式の質疑

をロールプレイするという方法が考えられます。

👉 事例ベース推論

GBSの背景にある学習理論は**事例ベース推論**（case-based reasoning）というものです。私たちは過去の経験から、さまざまな事例を蓄積しています。そして、新しい課題解決場面に対したとき、過去の事例集からうまく行くと思われることを期待して対処をします。しかし、ときどきは予期せぬ失敗が起こります。その失敗を体験することによって新しい事例が蓄積されます。結果として、それが学習であるということになります。GBSは、学習者にあえて失敗を体験させ、そのことから学習をさせようとしています。

学習される知識やスキルは明示化されないのがGBSの特徴です。GBSによって獲得されることは、文脈の中に埋め込まれた形での知識、スキル、そして態度です。

GBSの原則は次のようにまとめられます。

❶ 真正性（authenticity）原則：知識、スキル、態度が、現実のなかでそれらを使うことを反映しているような課題と設定に埋め込まれていること
❷ 織り込み（interweaving）原則：課題をやり遂げることと、特定の技能を獲得するという2つの焦点を行ったり来たりすること（スポーツで言えば、試合とトレーニング）
❸ 分節化（articulation）原則：学んだことを概念としてまとめること。特定の文脈での学習を抽象化すること
❹ 内省（reflection）原則：定期的に自分のやってきたことを内省し、パフォーマンスを他人と比較することにより、効果的な方法を見いだす
❺ 学習サイクル（learning-cycle）原則：「プラン・実行・内省」のサイクルを繰り返すことで学習していく

👉 PSIとGBSの比較

　第2章で紹介した個別化教授システム（PSI）とGBSとの違いは、「スキル指向か目標指向か」という方向性の違いにあります。PSIでは、学習すべき知識とスキルは単元化され、コースの中で明示されます。そして、それを一つひとつ完全習得学習していくことでコースを進めていきます。

　一方、GBSでは、単元や獲得すべきスキルは明示されません。具体的な事例と到達すべき目標が明示されるなかで、個々の知識やスキルは、その目標を達成するために必要なものとして位置づけられます。

　GBSは、実際の人間の行動が、目標指向であるという事実からデザインされています。人間は「何か（目標）を達成したい」ということがあるときに最もよく学ぶという原理に従っています。

👉 アンカード・インストラクションとGBSの比較

　第3章で紹介したアンカード・インストラクションとGBSとは、文脈（シナリオ）の役割を重視しているという共通点があります。大きな違いは、次の点です。

　アンカード・インストラクションでは、領域固有性によって学習内容の転移が困難であることを克服するために、一般的な知識を意味のある文脈に結びつけようとしています。つまり、転移を促進するために、文脈を利用していると言えます。

　一方、GBSでは、リアリティのある状況の中で発揮されるパフォーマンスそのものを目指しています。そして、それを獲得するためにさまざまな困難、意思決定、リソースの調査などの課題が設定されています。

実践コミュニティを作る機能

　状況的学習論が強調したことは、実践コミュニティの役割です。一定の文化を伝承し、メンバーが徐々に流動しつつ、実践活動を行っていくような場こそが個々の学習を成立させていると主張したのです。

　このような実践コミュニティを、オンラインで人工的に作るためには次のような機能を持たせることが有効です。

- コミュニティの存在、領域、活動を説明するホームページ
- オンライン・ディスカッションのための話し合いの場
- 研究報告書、ベストプラクティス、企画などの文書を集めたレポジトリ
- 調べ物をするための検索エンジン
- メンバーが領域内で何を専門としているかの情報を載せた会員名簿
- リアルタイムでの共有空間、遠隔会議
- コミュニティ管理ツール：誰が積極的に参加しているか、どの文書がダウンロードされているかなどを調べるツール

　このような機能をもったサイトを設定することにより、実践コミュニティを成立させるような環境をオンライン上に展開することができます。

📖 この章を学んでみて

結局、状況的学習で獲得されるものは何だと思う？

うーん、自分のポジションみたいなものですかね。最初はどこに居ればよいのかわからなかったのが、やっているうちに、だんだんと自分の立ち位置みたいなのが明確になってくる気がします。

そうそう、簡単に言ってしまえば、居場所ね。居場所がわかれば、自分が何をするべきかがわかってくるでしょう。それこそが、態度の学習なの。

自分がどんなビジョンを持っていて、所属するコミュニティの中で何をするべきかということがわかっているということが、態度を学習したということなのですね。

もちろん、その根底には、コミュニティが蓄積してきた知識や知恵、ノウハウ、そして、所属しているメンバーが持っているさまざまなスキルがあるわけだけど。

知識やスキルがないのに、態度だけ一人前というのは、あり得ませんものね、勘違いしている人ならともかく。

態度というのは、運動技能と認知技能を統合するものだから、それだけを学習するというのはナンセンスなのよ。

そう考えると、学校で生徒の意欲を測ろうとして、手を挙げる回数を数えるのはナンセンスですよね。

何かを測る指標を決めたとたんに、その指標では測れなくなってしまうという落とし穴…とても難しいことね。態度というものは、真空の中では存在しないから。必ず、基盤となるコミュニティとその文化という背景（文脈）を想定しなければ、考えられないから。

今ってコミュニティが崩壊している感じです。地域コミュニティとか、学校を中心としたコミュニティも強いものではないし。

昔に比べればそうね。でも、企業でもコミュニティ的な性格を持っているところもあるし、インターネット上のSNSでも、無数のコミュニティが存在する。そのそれぞれのコミュニティの中で、自分の居場所を見つけているわ。

その中で、正統的周辺参加をしながら、しきたりやふるまい方、伝統を身につけていくんですね。

そういう意味では、オンラインのコミュニティも、古いコミュニティと同じ形式を保っていると言えるわね。

確認問題

問題1
「アフォーダンス」の意味を簡潔に説明して、自分の身近で見つけたアフォーダンスの事例を挙げてください。

問題2
以下のア〜カを、状況的学習の弱点と非状況的学習の弱点とに分類してください。
・状況的学習の弱点（　　　　　）・非状況的学習の弱点（　　　　　）

ア．習った知識を現実生活の問題にどう適用してよいのかわからない
イ．記憶に残りにくい
ウ．1つのことを1つの方法でしかできない
エ．コストが高くつく
オ．動機づけが弱い
カ．全体の知識を体系化できない

問題3
ゴールベース・シナリオをデザインするときの考え方として正しいものには○を、間違っているものには×をつけてください。

ア．単元の中でどのような知識やスキルが身につくかを明示しておく
イ．予期せぬ失敗はなるべくさせないように難易度を調整する
ウ．学習者にとってリアリティのある状況を設定する
エ．課題遂行に役立つ情報はなるべく小出しにし、ゲーム性を高める
オ．学習者が単純な文脈の中でスキルを確実に試せるようにする
カ．定期的に学習者が内省する機会を埋め込んでおく
キ．学習者が役割を果たすことによって学習が進んでいくようにする

（解答は236ページ）

第5章

ニーズ分析とゴール設定

いよいよ実際のコースの設計について考えてみましょう。コースを構成する要素は6つに分けられますが、中でも学習の原動力となるニーズ分析と、終着点であるゴール設定が特に重要です。

5.1 コースの設計

コースの要素

　コースは、特定された運動技能、認知技能、あるいは態度を習得させるという一貫した目的を持ったインストラクションの集合です。

　コースは、以下の6つの要素を持ちます。

❶ ニーズ
❷ ゴール
❸ リソース
❹ 活動
❺ フィードバック
❻ 評価

　ニーズは、このコースの原動力になるものです。個人が何らかの技能を習得したいと思うこと、あるいは組織がある個人に何らかの技能を習得させたいと考えていることがニーズです。ニーズがなければ、コースの設計は始まりません。コースの設計は、まず、ニーズを調査し、分析することから始まります。

　ゴールは、このコースの終着点を示すものです。個人がこのコースを受けたときに、最終的にどのような技能が、どれくらいのレベルで習得されているかということを示したものがゴールです。

　リソースは、このコースでの学習に有用な資源、あるいは学習材料です。典型的には、テキスト、文献、実習用の材料、ビデオ教材、などです。講師によるレクチャーもまた、そこから学ぶための材料という意味

で、リソースに含まれます。

　活動は、コースの中で個人が行うあらゆる行動です。たとえば、レクチャーを聴いてノートを取ったり、テキストや文献を読んでまとめたり、あるトピックについて他の参加者と話し合ったり、ロールプレイを行ったり、レポートを書いたり、スライドを使ってプレゼンテーションを行ったるすることなどです。

　フィードバックは、個人の活動に対して提示される反応です。話し合いやロールプレイなどにおいて、他の参加者から受け取る反応はフィードバックです。また、提出したレポートに対して教え手からなされるコメントや評価もフィードバックです。

　評価は、コースの中で個人のパフォーマンスを測定することです。厳密に言えば、コースを受ける前のパフォーマンス（事前テスト）が、コースを受けることによって、どれくらい伸びたのか（事後テスト）を測定します。直接的には、個人のパフォーマンスの伸びを測定するわけですが、これが、そのままそのコースの有効性の指標となります。つまり、個人のパフォーマンスを測定するのは、その個人の評価をするのが目的なのではなくて、コースの有効性を確認するためです。

ロケットモデル

　コースの全体像をモデル化したものを提示しましょう。その形から**ロケットモデル**という名前をつけておきましょう（次ページ図5.1）。

　このロケットのエンジンにあたる部分がニーズとなります。このニーズが、コース全体の推進源になります。ニーズは、コースが始まってしまうと表には出てきません。しかし、推進源という意味で重要です。

　ロケットの先頭に来るのが、ゴールです。ゴールを目指してコースの中のひとつ1つのインストラクションが進んでいきます。

　胴体部分が、学習者が行う活動です。左側の翼がリソース（学習のための資源）、右側の翼がフィードバックとなります。

▼図5.1　ロケットモデル：コースの全体像

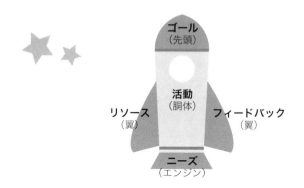

　ロケットモデルのパーツは、ひとつ1つ独立しています。その上で、全部が組み合わさって、1つのコースを構成しています。したがって、どこか一箇所が欠けただけでも、このロケットはうまく飛びません。ニーズをあいまいにしたまま、コースを実施すれば、失敗するでしょう。また、ニーズがはっきりしているのに、ゴールが不明確であれば、コースは迷走します。また、リソースとしてのレクチャーだけを提供して、学び手の活動やそれに対するフィードバックがなければ、一方通行の講義となるでしょう。
　したがって、これらのすべてのパーツを組み合わせ、一貫性のあるデザインをすることが重要なのです。

5.2 ニーズ分析

「学ぶニーズ」から検討する

教えるということを仕事にしている人は「何か（私の教えられるものを）教えたい」と本能的に思うかもしれません。しかし、インストラクショナルデザインでは「誰かに、何かを教えたい」ということからは出発しません。それは教えたい人の単なるエゴイズムであるかもしれないからです。

インストラクショナルデザインでは、「学ぶニーズ」があるかどうかを検討し、それを出発点とします。

あるべき姿・現状＝ニーズ

ニーズとは、自分が実際にこうなりたいと思うあるべき姿から、現状を引いたものです。

本当はこうやりたい（あるべきパフォーマンス）のに、こうしかできない（実際のパフォーマンス）という状況があります。その両者にギャップがあります。これを、**パフォーマンス・ギャップ**と呼びます。

このパフォーマンス・ギャップを埋めるために、何かを学ばなければならないニーズが、インストラクションデザインの出発点になります。パフォーマンス・ギャップを埋めるために、どういうコースをデザインし、どういうことを実施し、どういうフィードバックをするのかという設計が出発します。

ここで、問題となるのが、この「あるべき姿」を誰が決めるのか、ということです。

▼図5.2　パフォーマンス・ギャップ

こうなりたい！
（あるべきパフォーマンス）

パフォーマンス・ギャップ
（ニーズ）

ここまでできる！
（実際のパフォーマンス）

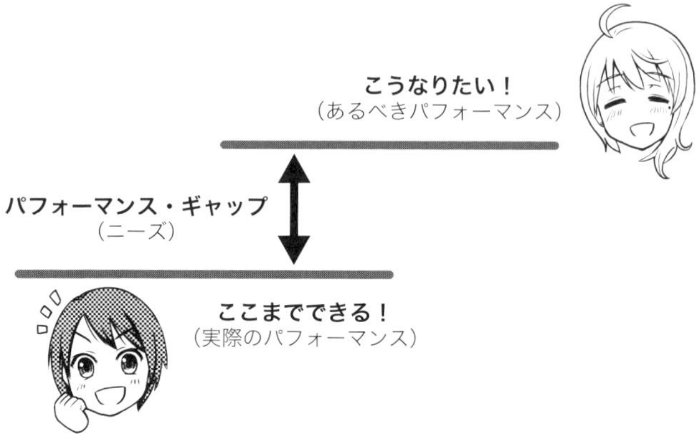

👉 学習者のニーズ

学び手自身が「自分がこうなりたい」というあるべき姿を考えるとき、これを**学習者のニーズ**と呼びます。

👉 組織のニーズ

ある組織が、個人に対して「こうなってほしい」というあるべき姿を考えるとき、これを**組織のニーズ**と呼びます。たとえば、ある会社で勤務するときには、その会社の標準としての能力が求められるでしょう。また、ある部署に所属すれば、その部署特有の能力基準が求められることもあるでしょう。このように、個人が所属する組織は多重的なので、それぞれがニーズを提示してくることになるでしょう。したがって、組織で働く個人は常に周囲から「こうなってほしい」というニーズを感じることになります。それが、個人の能力を開発する原動力ともなるのです。

👉 社会のニーズ

たとえば、小学校を卒業した時に、どのくらい漢字を覚えておいて欲しいかという「あるべき姿」は個人で決められるものではありません。小学校卒業時には、この程度の漢字を覚えておいたほうがよいということが、社会全体として決められます。すなわち、社会全体の利益と社会の中で生きる個人の利益を考え合わせて、必要なあるべき姿が規定されます。これを**社会のニーズ**と呼びます。

👉 領域専門家からのニーズ

社会の一部としての、領域専門家からのニーズがあります。たとえば、歴史の研究者たちが、領域専門家のコミュニティを形成します。その専門家のコミュニティが、この程度の日本の歴史を覚えておいたほうがよいと要望を出すケースがあるでしょう。これが**領域専門家のニーズ**です。

しかし、領域専門家のニーズが必ずしも社会のニーズに合致しているわけではありません。なぜならば、社会全体から見ますと、領域専門家コミュニティには特殊な人達が集まっているからです（だからこそ領域専門家と呼ばれる）。領域専門家のニーズとして提出されたものであっても、時として社会としては的外れであることもあります。よって、領域専門家のニーズの場合も、学習者のニーズや、社会のニーズによってチェックしていくことが必要です。

このように、単にニーズと言っても、学習者のニーズ、組織のニーズ、社会のニーズ、そして領域専門家のニーズがあります。そして、これらのバランスを考えることが重要です。とりわけ、インストラクションデザインの視点では、まず学習者のニーズを重視することが求められています。

5.3 ゴール設定

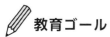 教育ゴール

　ニーズが決まるとゴールが決まります。このゴールを**教育ゴール**と呼びます。ゴールは、学習者がコースのインストラクションを受けた結果、何ができるようになるのかを記述したものです。

　教育ゴールを考えるポイントは、「その行動を明確に、そして観測可能な形で書く」ということです。

　観測可能でない形というのは、「知る、理解する、親しむ」といった動詞です。たとえば、「情報社会における生活の危険性について知る」とか「情報社会でいかに良く生きるべきかを理解する」、また「パソコンやインターネットに親しむ」と書かれていても、その人が「知る、理解する、親しむ」という状態になっているかどうかは、観測不可能です。

　これを観測可能にするためには、具体的に「○○についてこのようなことを知っています」と言ってもらったり、「1から10までを足し算するようなプログラム」をC言語で作ってもらったりすることが必要です。その結果、行動が観測可能となり、目標が達成されたかどうかを判定することが可能になります。

　教育ゴールでは、「どんなときに（条件）」、「どんなことが（行動）」、「どの程度できればよいか（基準）」を考えます。たとえば、テニスのサーブを例にあげますと、ダブルフォルトをせずに、ボールを正しくサーブできることが教育ゴールとなります。しかし、このままでは、まだ具体的になっていないので、条件・行動・基準を考えます。たとえば、正式なコートを使って（条件）、サーブを打って（行動）、20本中16本以上入ればよい（基準）とします。これは誰が見ても観測可能ですので、教育ゴールとし

て採用できます。

ゴール分析

ゴールを決定すると、そのゴールを達成するためにどのようなステップをすればよいのかということを分析する必要があります。

たとえば、「テニスのサーブを打つ」という運動技能のゴールを設定すると、「正しい位置に足を置く」、「ボールを適切にトスする」、「それに対してラケットを振りぬく」「打った後、次の球に備えて構える」という4段階のステップが設定できるでしょう。このように、最終的な教育ゴールを、下位のゴールに分解することを**ゴール分析**と呼びます。

運動技能と認知技能では、上位のゴールは複数の下位のゴールに分解できます。サーブをするというのは一番上位のゴールであり、「足のポジション」、「トス」、「ラケットの振りぬき」、「構える」は4種類の下位ゴールです。さらに、「トスを上げる」という行動は、「ボールをキチンと握る」、「ボールを下から上にまっすぐ投げる」、「適度な高さまで上げる」、の3つに分解できます。このようなパターンを**階層型**と呼びます。

▼ 図5.3　階層型のゴール分析

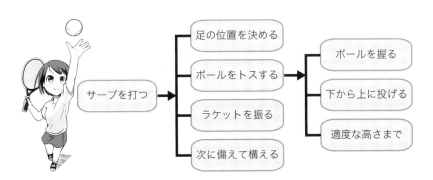

5.4 学習者分析

✏️ 学習者の学び方を把握する

インストラクショナルデザインでは、学習者のニーズがあって、そして学習者のゴールがあり、そのゴールを学習者が達成するということが目標となります。学習者がゴールに到達できるようにするために、学習者がどういう人なのかということを把握しておく必要があります。

たとえば、学習者が、これから学ぶ内容についてどれほどの知識があるのかどうか、また学習者が学ぶものに対してどのような態度を持っているのか、ということを知っておかなければなりません。また、学習者の動機づけ、すなわち、どれほどやる気があるのかということも知っている必要があります。そして、学習者の学び方における好みのスタイルを知っておくことも重要です。

学習者の既有知識

最初に、学習者が学習内容についてどれくらいの知識（既有知識）を持っているかを確認します。通常のコースでは教えられる時間が決められています。たとえば、1時間とか、半日で学ぶ、とか、2泊3日の研修、あるいは15週間で学ぶなどというように、始めと終わりがあります。その期間内で教育ゴールを達成しなければなりません。

そのためには、はじめの段階でコースの内容に無理なくついて行けるような知識を持っている人を学習者としなければなりません。そのために前提知識を確認します。もし前提知識のない人であれば、そのコースに入る前にその知識を得ておく必要があります。あるいは逆に、教えようとする内容がすでに学習者に獲得されているようなケースもあります。この場合は、このコ

ースをスキップしてもらうほうが時間の無駄にならないでしょう。

👉 学習者の態度

次に、学習者の内容に対する態度も知っておく必要があります。無関心なのか、積極的なのか、あるいはどうでもよいなどと思っているのか知ることは重要です。どうでもよいと思っている場合は、学習者にニーズがないことが考えられます。または、その人がそのニーズに対して気づいていない場合もあるでしょう。

たとえば、大学では、1年生の授業で、討論やレポート、パソコンの使い方、インターネットの方法、検索、データベースなどを学びます。しかし、このことに対して「どうでもよい」と思っている学生は消極的な態度を取ります。そうすると、なんとなく授業に出席しても、スキルが獲得できず、その後、本格的に授業が始まると、課題などで、インターネットで調べ、データベース検索やレポート記述などパソコンを使うため、「やっておけば良かった」と後悔することになります。学習者が積極的であれば問題はありませんが、消極的・無関心であれば、「あなたにはこういうニーズがありますよ」そして「それに気づいていないだけですよ」と伝える必要があります。そうすることによって、コースに対する積極的な態度をまず形成するのです。

👉 学習者の動機づけ

動機づけも重要です。コースを提供される学習者が、そのコースに対して動機づけされている場合は、そのコースは効果的です。しかし、そもそもやる気がない場合は、効果が少ないです。そういう場合は、まず学習者の動機づけから入る必要があります。

動機づけに関する1つのモデルとして**期待・価値モデル**があります。これは、次のような式で表現されます。

動機づけ ← 期待 × 価値

　ここで言う期待とは、「自分がどれだけうまくできるか」という期待です。
　また、価値とは、このコースが「自分にとってどれほど価値があるか」ということです。
　期待も価値も高いコースの場合は学習者は強く動機づけられます。しかし、そのようなケースばかりではありません。コースの価値が自分にとって十分高い価値であっても、その中でうまくやっていくことができない場合は、掛け算なので動機づけは0になってしまいます（つまりやる気を失う）。逆に、うまくできる期待が高くても、価値が低い場合、すなわちコースの内容がやさしすぎて、パーフェクトにできるのであれば、それは時間つぶしになってしまうでしょう。この場合も、動機づけは下がってしまいます（時間をかける価値がない）。
　このように、コースの価値だけを高めても、必ずしも学習者の動機づけが高まるわけではありません。コースの価値を高めることは、しばしばそのコースの難度を高くするので、学習者がコース内で成功する期待を減らしてしまいます。そうすれば、学習者の動機づけは下がってしまいます。コースの設計にあたっては、学習者の動機づけを最大にするように、コースの価値と、コース内での成功体験の期待をうまくバランスさせることが肝要です。

学習スタイル

　最後に、学習スタイルの好みも重要です。教育心理学の研究は、学習者一人ひとりはそれぞれの多様なスタイルで勉強することを明らかにしています。たとえば、本を読むのであれば、音読をしないと頭に入らない人もいるし、音読をするとかえって遅くなり、速読のほうが理解できる人もいます。また、図解が入っていないとわからない人がいる一方で、図解より

も箇条書きのほうがわかりやすいという人がいます。このように本を読むスタイル1つをとってみてもいろいろな学び方があります。

　重要なことは、自分の好みのスタイルではない形で学習した場合、効率が落ちるということです。学習者が1人の場合は、その学習者にスタイルを聞いて変更することが可能です。しかし、数十人から数百人のコースでは、多様な学習者がいても、一人ひとりに合わせることはできません。

　このような場合では、さまざまな学習スタイルの人がいることを考慮して、できるだけ多様な手がかりを提供することを心がける必要があります。

▼図5.4　学習スタイルの多様性

好みの学習スタイルはさまざま

5.5 コンテキスト分析

 学習コンテキスト

コースは一定の制約の中で実施されます。たとえば、次のような制約があります。

- 使える施設や設備（教室、会議室、ホワイトボードなど）
- 使える資源（プリント配布、スライド、レクチャーなど）
- 物理的な制約（時間的な長さ、教室の広さ、体を動かせるかなど）
- 一緒に学んでいる仲間

このような制約の中でコースが実施され、その中で学習者が学んでいきます。このように、コースが実施される環境は、**学習コンテキスト**と呼ばれます。

パフォーマンス・コンテキスト

学習コンテキストの中で何らかの技能が獲得されます。獲得された技能は、学習コンテキストとは別の現実的な条件の下で発揮されることが期待されます。技能が発揮される現実的な状況を、**パフォーマンス・コンテキスト**と呼びます。

学習コンテキストで得られた実際の知識やスキルが、現場ではどのように活かされるのかを常に確認しておく必要があります。なぜなら、教室ではうまくできたにもかかわらず、現場に出ると全く役に立たないケースが、しばしば見られるからです（認知心理学の領域固有性）。そうならないためには、学習コンテキストを、パフォーマンス・コンテキストに関連

付けてデザインをする必要があります。

👉 教科書と教室が不利な理由

　以上のような意味で、伝統的に行われている教科書を使い、レクチャーをして理解させるのは、最も効率の悪い方法であることがわかります。なぜなら教科書のコンテキストと実際のパフォーマンスは違うものだからです。

　教室の外に出れば、そこには教科書はありません。レクチャーする人もいません。その中で、自分で試行錯誤し、経験を積み、より良い方法を探索して学習していくことになります。このように、学習コンテキストとパフォーマンス・コンテキストが全く違うものであれば、せっかく習得した技能も転移しにくいものになります。コースをデザインする側は、現場では、習得された技能がどう活かされるのかを考えてデザインする必要があります。

　第4章（150ページ）で取り上げた、シャンクのゴールベース・シナリオは、現場の状況にできるだけ近づけるようにコースのデザインをしようとする努力の1つです。しかし、ゴールベース・シナリオに基づくビデオ教材を作成するのはコストがかかります。

　教室の中であっても、現場で実際に求められるパフォーマンスに基づいたコンテキストを擬似的に作ることは可能です。たとえば、現実社会で起こった問題や、現在進行形で起こっている問題を取り上げて検討する「事例検討」は、学習者に学んでいる内容をすぐに応用するという機会を提供します。

　また、現実場面を想定して、学習者に役割を演じてもらうロールプレイという方法もあります。ロールプレイは、たとえそれが教室内の擬似的なものであるとわかっていても、学習者に真剣さを要求する効果があります。そのため、単に知識として頭でわかっていることがらを、現実場面で実際に行動する能力に転換する効果があります。

5.6 事前・事後テスト

✏️ 4種のテスト

インストラクショナルデザインはテストを好みます。しかし、このテストは通常、学校で行われているようなテストではありません。

👆 前提テスト

まず、はじめに**前提テスト**を行います。このテストによって、学習者がコースを受ける準備ができているかを確認します。たとえば、授業で表計算の計算式の使い方を教える場合であれば、前提テストで表計算の基本操作（データの入力やコピーなど）をどれほど使えるかテストします。もし、前提となるような技能がなく、そのテストがクリアできなければ、実習をしてそのレベルまで引き上げます。逆に、テストをクリアできれば、そのままコースに入ります。

👆 事前テスト

次に、**事前テスト（プレテスト）**を行います。コースを受ける直前に、その学習者がすでに習得している技能がどのようなものであるかを確認します。これから教えようとするスキルが習得済みということもありえます。すでに知っていることを教えられることほど無駄なことはありませんので、このような技能はコースの中では省略します。

事前テストでは0点を取ってもらえるのが理想的です。もし事前テストで100点を取れば、その学習者はこのコースを学ぶ必要はありません。

事後テスト

インストラクションを実施した側は、ゴールがきちんと達成できたかを確認する義務があります。そのために**事後テスト（ポストテスト）**を行います。もし、学習者が最終目標を達成していなければ、それは学習者の責任ではなく、コースを実施した側が不十分であったとされます。すなわち、不合格なのは学習者ではなく、コースそのものです。インストラクショナルデザインでは最終的に学習者を責めません。もし学習者の事後テストが悪ければ、それはコースをデザインした側に責任があり、実施方法が悪かったという証明にほかなりません。

たとえ客観的に見て良いコースであっても、何も努力しない学習者の場合は、事後テストの成績は悪くなるでしょう。そのような場合でも、コースに責任があるのかと疑問に思うかもしれません。

その通りです。何も努力しない学習者がいたとすれば、それはこのコースを受けるニーズを感じていなかったのかもしれません。そのために動機づけがなされていなければ、これをコースはフォローしなければなりません。あるいは、このコースを十分に理解するだけの前提知識がなかったのかもしれません。この場合も、前提テストを実施して、コースについていけるだけの十分な技能が備わっていない学習者は、コースに入れないようにしなければならないのです。

模擬テスト

以上のテスト以外に、模擬テスト（中間テスト）を行うことがあります。これはコースが長期にわたる場合で、学習者の習得状況を確認し、学んだ内容に対して誤解がないかどうか、またペースが速すぎたり遅すぎたりしていないかを確認するために実施します。

📖 この章を学んでみて

コースを設計するにはまずニーズの検討が必要なんだけど、ニーズを検討しないまま「このようなことが教えられる"べき"である」として設定されているコースが世の中には多いのよね。

学び手が「なぜこのコースを受けなければならないのか」ということをキチンと納得していなければ、教えられる内容が身につくはずもないですね。

だから、コースの一番最初に「なぜこれを学ぶことが必要なのか」ということを説明して、納得してもらわないといけないね。

でも、自分が教えていることは「皆に必要なこと」だからって、そこらへんのことをあまり説明してくれない先生も多かったです。

教え手は、いつでもその手の「妄想」を持っちゃうのよね。本当に、全員が学んでおく必要のある内容なんてそうそうないのに。

まず、学び手が、自分自身でニーズを感じなければ、学びはスタートしませんよね。

学び手の準備ができていないのに、いくら教えても時間のムダよ。それどころか、その内容が嫌いになるという、ネガティブな副作用までついてきちゃう。

いったん嫌いになってしまうと、本当にそれが必要になったときに、困りますね。

コースを設計しても、実施するにはコストがかかるので、そのコースを実施する必要性、つまりニーズがあるのかどうかを十分に検討しなくてはいけないわ。

そのニーズも、絶対的なものではないんですよね？

そう、ニーズは学び手と文脈で決まってくるから。

その文脈というのは、個人的なものだったり、組織的なものだったり、社会的なものだったりするわけですね。それによってゴールも変わってくる。…そう考えると、ニーズ分析とゴール設定は重要ですね。

そうなのよ。ゴール設定ができれば、それによって事前テスト・事後テストが作れる。テストが作れれば、コースの内容が決まってくるというわけ。でも、ゴールは、認知技能のインストラクションのところで出てきた、不良構造化問題の1つなので、簡単には決まらないわ。

簡単には決まらないとしても、ニーズとゴールについて十分に考えておくことは必要ですね！

確認問題

問題1

以下のア〜エを読んで、ニーズ分析の考え方を正しく反映しているものには○を、そうでないものには×をつけてください。

ア．領域専門家が考えるニーズが最も信頼性が高いので、最優先で分析する
イ．ニーズとは、自分が実際にこうなりたいと思うあるべき姿から、ここまでできるという姿を引いたものである
ウ．社会のニーズは、社会全体の利益、社会全体のコミュニケーションをうまく活かすという観点から規定される
エ．教育ゴールを決めてからニーズ分析を行う

問題2

1〜2の教育ゴールを読んで、「どんなときに（条件）」「どんなことが（行動）」「どの程度できればよいか（基準）」という3つの要素が含まれているかを判断してください。**不足する要素があれば、不足要素をア〜オの中から選んでください。**

1. ギターのチューニングのコツをつかむ。この教育ゴールに不足するのは、

2. 日本の白地図（県境のみ記載）が与えられたとき、白地図上に都道府県名を漢字で記入する。この教育ゴールに不足するのは、

ア．条件　　　　　　イ．観察可能な行動　　　　　ウ．基準
エ．条件と基準　　　オ．条件と観察可能な行動と基準

問題3

「前提テスト」「事前テスト（プレテスト）」「事後テスト（ポストテスト）」について、その実施タイミングや目的の観点から説明してください。

（解答は236ページ）

第 **6** 章

リソース、活動、フィードバックの設計

この章では、コースの具体的な中身や運営方法について考えていきます。活動内容だけでなく、導入やフィードバックの設計など、教え手側の反応も大切です。

6.1 導入の設計

導入の重要性

教えるべき内容を扱った学習活動に入る前に、導入のセクションが置かれます。これはコースの初めに、必ず置かなくてはなりません。また、毎回のインストラクションでも短い導入を置きます。短い時間であっても、導入を置くことによって、その後のインストラクションを効果的にすることができます。

導入には、**ラポールの形成**、**方向づけ**、**動機づけ**の3つの機能があります。それぞれを説明しましょう。

▼図6.1 ラポール、方向づけ、動機づけ

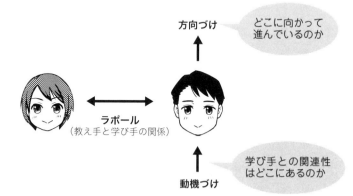

ラポールの形成

ここで言うラポールとは、教え手と学び手の間の関係を作るということです。臨床心理学の用語では、ラポールとはセラピストとクライエントとの心理的人間関係を指しています。良い治療を行うためには、セラピストとクライエントがお互いに信頼関係を持つことが前提条件となります。したがって、ラポールの形成が、最初の重要な仕事になってきます。

同様に、コースにおいても、教え手と学び手が互いに相手を信頼していなければ、学習は起こりにくくなります。教え手が学び手を信頼していなければ、コースは罰則だらけのきゅうくつなものになるでしょう。逆に、学び手が教え手を信頼していなければ、学び手は疑心暗鬼な状態におちいるでしょう。お互いの信頼関係を形成するためには、ラポールの形成が必要です。

良いラポールを形成するためには、導入でどのようなことをすればよいのでしょうか。それは以下の3点にまとめられます。

1. 教え手自身の自己紹介やバックグラウンドを紹介する
2. 教え手が、どのような意図でコースを提供しているかを説明する
3. 教え手が、学び手にどのような成果を獲得してほしいかを説明する

以上のいずれの点についても、「教え手自身がどのように考えているか」ということを明確に、しかも自分の言葉で説明する必要があります。この時点で、教え手が「単なる仕事としてこれをやっている」というような雰囲気を出してしまったら、それは確実に学び手に伝わり、その結果として、ラポールの形成はうまくいかないでしょう。

方向づけ

方向づけとは、コースにおけるゴールが何なのかを学び手に思い出させることです。特に長期にわたるコースでは、学び手がどこに向かって進んでいるのかを、折にふれて思い出させる必要があります。そうでないと、

学び手自身が今取り組んでいることが、一体何のためにやっているのかということが曖昧になってしまうからです。

　コース内のインストラクションの中には、一見、ゴールとは無関係に見えるものが含まれているかもしれません。教え手のほうからすれば、もちろんそれはゴールとの一貫性を持ったインストラクションとして設計しているのです。そうしたときに、そのトレーニングが、学び手が目指すゴールとどのような関係があるのかを説明することによって、学び手は迷うことなくインストラクションに臨むことができます。

動機づけ

　動機づけとは、学び手のニーズがこのコースとどのような関連性を持つのかということを、学び手に思い出させることです。ニーズには、学び手自身のパーソナルなニーズ、組織からのニーズ、領域専門家からのニーズ、社会からのニーズがあります。このいずれの場合にしても、このコースに参加することによって、そうしたニーズが満たされる可能性があることを、教え手は常に示唆しなくてはなりません。

　そうすることによって、学び手はコースに対する動機づけを高く維持することができます。ニーズを満たす可能性があるということが、つまり、そのコースの価値です。学び手がそのコースに価値を見出すためには、学ぶニーズを思い出させ、それがコースに直結しているということを適宜説明することです。

6.2 リソースの設計

学習資源を考える

　リソースとは、学び手が学ぶ際にその環境として提供される学習資源のことです。たとえば、教科書、ワークブック、プリント、インターネット上の情報、書籍などが典型的なリソースです。そして、教え手が提供するレクチャーもまたリソースです。また、同じ場にいる人々と議論をする場合、その議論の内容もまたリソースとなります。つまり、学び手が学ぶ環境に存在する情報はすべてリソースとしてとらえます。

テキスト

　教科書、ワークブック、マニュアルなどの印刷物は、よく使われる学習リソースです。これらを自作するのか、あるいは既存のものを利用するのかは設計者が判断します。

　一般的に、すでに確立された内容のコースであれば、良い教科書が存在するので、それを利用するのがよいでしょう。しかし、最先端の内容であったり、また、最新のトピックを扱うような内容であれば、まだ教科書が確立されていないかもしれません。そのような場合は、リソースを自作することが必要になります。

　リソースを作成するには、それを学習活動の中でどのように利用するのかを考慮します。独習できるように作成するのか、あるいは、参考資料として利用するのかによって作成方法が変わってきます。同時に作成するための時間とコストが変わります。

👉レクチャー

　教え手が行うレクチャーもまたリソースの1つとして考えます。もし、あるインストラクションの時間すべてがレクチャーで占められるとしたら、それは効果的なものになりうるのかどうかという視点で設計する必要があります。

　一般的に、大勢の学び手の前で行われるレクチャーは、学び手の人数で割ったコストは安くてすみます。逆に言えば、コストが安いからこそレクチャーが多用されるとも言えます。

　レクチャーによって効果的な学習が行われるのかどうかを検討した上で、レクチャーを学習リソースとして提供するかどうかを判断したほうがよいです。同時に、レクチャーの代わりにテキストやプリントが使えないかどうか、また、リアルタイムのレクチャーではなく、事前にビデオとして視聴させておくなどの方法も検討したほうがよいでしょう。

6.3 活動のデザイン

 教師中心から学習者中心へ

　1990年代から、学習のとらえ方が、教師中心（teacher-centered）から学習者中心（learner-centered）へと移り変わりました。これまでの伝統的な学校システムに見られるように、教師中心の学習とは、教師が学習者をコントロールし、授業を運営します。教師がどのように学習者をコントロールするかという点が重要でした。しかし、教師が一生懸命に学習者をコントロールしたからといって、学習者がそれに従い、学習するという保証はありません。

　見るべきは、実は教師側ではなく、学習者が何をしているかという点です。すなわち、学習者中心主義においては、学習者が自分自身の学習を制御することが大切だという見方をします。これは学習者に責任と積極性をもたせるということです。

　教師中心主義の時代では、教師が学習に責任をもち、その責任を果たすために細かな指導を学習者に対して行っていました。一方で、学習者は自分の学習に対して無責任であったともいえるでしょう。これでは、学習者に実質的な学習が生まれるという保証はありません。

　しかし、学習者中心主義においては、学習者に責任を持たせることで、学習者は学ぶためにはただじっとしているわけにはいかず、自分が積極的にならなければなりません。そうすることによって実質的な学習を生み出そうとします。

教師の役割

では、学習者中心主義における教師の役割とは何なのでしょうか。ここでは、教師は全体を見るモニターの役割（スーパーバイザー）、または授業全体の開発者という役割を果たします。教師は、教室全体、コース全体のデザインに責任を持ち、最終的にそれがうまく動いているかをモニターし、評価し、改善していくことになります。すなわち、教師は実際の授業やコースをどのように運営するか、という点よりもむしろ、どのように学習者の活動をデザインするかという点に力点が置かれます。

コーチ、メンター、ファシリテーターの役割

このような学習方法に変わったことによる副産物として、コーチ、メンターという存在が重要視されるようになりました。学習者は自分が学習することに責任を持ち、教師は、授業全体の設計に責任をもちます。教師は教壇から立ち去り、代わってそこに立つのは学習者自身となります。しかしそうすると、教師と学習者との間に距離ができてしまいます。

教師と学習者との隙間を埋めるために、両者を仲介する人の存在が必要となります。それが**コーチ、メンター**という存在です。コーチ、メンターの役割は、直接学習者に対して教えるというのではなく、より学習者に近い立場で学習者を支援する役割を担います。

また、コーチ、メンターに似た言葉で、**ファシリテーター**という役割があります。グループワークやワークショップなど実習系の活動を教師がデザインしたときには、その場において学習者を支援する役割をファシリテーターが果たします。

実際の活動のデザイン

上のような流れがインストラクショナルデザインにおける最近の動向です。学習者中心主義という考え方が出てきたのは1990年前後のことであり、その後は、このような考え方がインストラクショナルデザインにおいても中心となっています。

6.3 活動のデザイン

では、どのように活動をデザインしていけばよいのでしょうか。活動は、能動的な活動と、受動的な活動の2つに分けられます。

効率の良いレクチャーとテキスト

レクチャー、テキストというリソースにより行われる活動は、一見して単なる受動的な活動と捉えられてしまいがちです。しかし、一方で、知識伝達のためには効率の良い方法であることがわかっています。学習の初期の段階で、ある一定の知識を得るためにはレクチャーやテキストを利用して学習するのは、効率の良い方法であるといえます。

しかし、ただ聞いたり読んだりするだけでは受動的な学習活動となってしまい、その学習内容が残らないというリスクもあります。その場合、学習を自分のものにするために、受動的な学習を能動化する必要があり、そのための方策が必要となります。

たとえば、レクチャーを聞いたあとに、「質問する」、または「反論する」といったような能動的な活動が必要とされる課題を置くことで、レクチャーによる活動を能動的に変えることができます。また、「テキストの内容を自分の言葉で言い換える」、または「自分の言葉でまとめる」という課題を置くことで、単にテキストを読むという受動的な活動で終わらせるだけではなく、能動的な活動へと拡張することができます。

このように、追加の課題を置くだけで、受動的な活動で終わってしまうところを、能動的な活動へと拡張することができます。

▼表6.1　レクチャーとテキストによる学習活動

リソース	受動	能動
レクチャー	聞く	質問する 反論する
テキスト	読む	言い換える 報告する

グループ討論、実習、ロールプレイ

　活動のデザインとして、テキスト、レクチャーというような古典的な方法を使う以外に、もう少し拡張して、グループ討論や実習、ロールプレイといった形態をとる能動的な活動というものもあります。

　しかし、これらのような能動的な活動形態をとりながらも、受動的な活動としてだけに終わってしまう落とし穴もあります。たとえば、グループ討論の場においても、他人の意見に同調するだけの人、またはまったく発言しない人にとっては、これらの活動は能動的な学習活動とはなっていません。

　実習についても、言われたとおりの手順に従って行うのであれば、「やりました」という体験だけで終わってしまいます。そのため、自分でどのように役立つのかというところまで到達することができません。たとえば、基礎的な実習科目で行った学習が、卒業研究の際に生かすことができないのであれば、結局は、実習科目で行った学習活動が、受動的な学習で終わっていたのだということになります。

　ロールプレイも実習の一形態であり、一種のシミュレーションにより、新しい考え方や行動を身につけることができます。しかし、このときも、慣れた役をすればあまり意味がないことになります。

　こうした学習活動が、能動的な活動となるためには、グループ討論においては同意するだけ、うなずくだけではなく、反論するという課題を置くなど、グループ討論の中身の活動を細かくデザインしなければなりません。すなわち、能動的な活動に結びつくような活動をデザインする必要があります。また、ロールプレイにおいては、男性であれば女性を演じるというように、慣れた役をするのではなく、違う役を演じるようにデザインすることで、その活動は能動的な活動となるでしょう。

　このように、グループ討論、実習、ロールプレイといったような一見能動的な学習であっても、その中身を細かくデザインしなければ、必ずしも能動的な学習活動が保証されるものではありません。

▼表6.2 グループ討論、実習、ロールプレイによる学習活動

形態	受動	能動
グループ討論	同意する	反論する まとめる
実習	言われたままやる	自分で工夫する
ロールプレイ	慣れた役	違う役

書く、話す、プレゼンする

　書いたり、話したり、プレゼンテーションをするなどの「表現する」という学習形態は、必ず能動的となる活動です。たとえば「受動的に書く」ことや「受動的に話す」ということはできません。そのため、表現するという形態は、学習においては、必ず要所要所に入れる必要がある活動の一形態です。そして、表現するための準備となる、「発想する」「調べる」「整理する」「ストーリーを作る」という活動も受動的にはできません。

　ただし、表現する活動には時間がかかります。1000〜2000字程度のショートレポートを書くことでさえ、1〜2週間ほどかかるでしょう。大学教育の工夫の1つとして、講義時間内にレクチャー、討論などを行い、最終的にA4判用紙1枚のショートレポートを書くという「当日ブリーフレポート形式[*1]」というものが実践されています。この方式をとると、講義の最初から最後まで受講生は能動的な活動を行う必要があります。これは大変ではあるけれども、受講生にとっては実りある授業となるでしょう。

　しかし、ここでも表現するためには最低90分という時間を必要とします。一方、卒論を書くにいたっては、2年間という年月を必要とします。このように表現する学習形態は能動的であり、学習活動において必要な活

[*1] 『大学講義の改革---BRD方式の提案』（宇田光著、北大路書房）

動ではあるけれども、時間がかかるところが欠点と言えます。

▼表6.3　書く、話す、プレゼンする

形態	能動
書く	発想する、調べる、整理する、ストーリーを作る
話す	
プレゼンする	

　これまでに、3つの活動形態について述べてきました。最初に、テキスト／レクチャーといった受動的ととらえられがちではあるけれども、能動的にすることもできる活動、次に、討論／実習といった能動を引き出す活動、最後に、表現するという必ず能動的になる活動、以上の3つです。

　活動のデザインとは、これら3つの異なる形態の活動を組み合わせ、それぞれの長所を利用しながらデザインするということにほかなりません。

　短い時間に大量の知識を得ることができるレクチャーやテキストは導入には必要です。グループ討論や実習は、得た知識を自分の中で消化して、新しいものを生み出すと言う意味で、コースの中間地点で入れるべき活動です。そしてまとめとして、レポートを書く、話す、プレゼンするという能動的な活動形態は、最後に入れる課題になるでしょう。

　インストラクションをデザインする人の課題は、このように多種多様な活動のレパートリーを持ち、それらをどのように配置していくかということに心を砕き、時間を割き、試行錯誤を繰り返しながらデザインしていく、ということです。

6.4 フィードバックのデザイン

 フィードバックの重要性

　学習活動において、学習者が何らかのアクションをしたとき、教え手が、そのアクションに対して何らかのリアクションを返すこと、これを**フィードバック**と呼びます。

　インストラクションデザインにおいて、フィードバックのデザインは非常に重要です。なぜなら、もしフィードバックがなければ、学び手は自分が適切に学んでいるかどうかを知るすべがないからです。何かを学習するときに、コメントや評価をもらわなければ、次にどうすればよいのか学び手はわかりません。うまくできたことを喜べばよいのか、正しく学び直さなければならないのか、その判断材料がないからです。そのために、フィードバックは重要となります。学習活動をデザインするときには、それに対してどのようなフィードバックをするかを、常に考えておかなければいけません。

 フィードバックの3つの働き

　一口にフィードバックと言っても、いくつかの働きがあります。それは、その背景としての心理学理論がいくつかあり、この背景が異なることによって、フィードバックの働きが変わってくるからです。ここでいう心理学理論とは、これまでに学んだ、行動分析学の考え方、認知心理学の考え方、状況的学習論の考え方を指しています。

　たとえば、学び手が与えられた課題をこなしたときに、教え手から「よくできました」というフィードバックを受けたとしましょう。このとき、

このフィードバックによって、「次も頑張ろう」という気持ちになったとすれば、これは「強化」されたということです。あるいは、「課題を解くときに迷ったけれども、この考え方で正しかったんだ」と思ったとすれば、これは「情報」を受け取ったということになるでしょう。さらに、「この先生とはうまくやっていけそうだな」と思ったとすれば、これはフィードバックが「コミュニケーション」として働いたということになるでしょう。

以上のように、行動分析学的には、フィードバックは「強化」としての役割が大きいです。また、認知心理学的には、「情報」としての役割が大きいです。そして、状況的学習論的には、「コミュニケーション」としての役割が大きいです。以下に、それぞれを見ていきます。

▼ 表6.4　フィードバックの3つの働き

	フィードバック	背景
1	強化としての	行動分析学
2	情報としての	認知心理学
3	コミュニケーションとしての	状況的学習論

強化としてのフィードバック

強化としてのフィードバックとは、行動分析学的な考えによるものです。その人が何らかのアクションをしたときに、環境に変化が起こり、それによりその後の行動が、強化または弱化されることを、行動随伴性と呼びました（70ページ）。フィードバックすることで、その後の学び手の行動頻度が制御されるとすれば、これは強化（または弱化）としてのフィードバックをしていることになります。

情報としてのフィードバック

では、認知心理学的な考えではどうでしょうか。この場合のフィードバックとは、環境、または相手から「情報」として受け取るものです。何らかのアクションをしたときに、それが良かったのか、悪かったのか、または別の方法を取るべきかという情報を与えるものがフィードバックということになります。

コミュニケーションとしてのフィードバック

最後に、状況的学習論の見方によれば、フィードバックは教え手と学び手との間のコミュニケーションをになっていると考えられます。もちろん、そこでは、強化（弱化）としても、情報としてもフィードバックは働いています。しかし、それと並行して、人間関係を形成するようなコミュニケーションが行われているのです。

実際のフィードバックのデザイン

次に、それぞれの見方でフィードバックのデザインを考えてみましょう。

強化としてのフィードバックのデザイン

この場合は、できるだけ早い時期の、即時フィードバックが重要です。その行動が適切であるか、あるいは不適切かを即時にフィードバックします。学習場面においては、望ましい行動を増やすか、問題行動を減らすかの2つのためにフィードバックします。もし、まったくフィードバックがなければ、行動は次第に消去されていくでしょう。

情報としてのフィードバックのデザイン

情報としてのフィードバックは、KR(Knowledge of Results)という考え方に基づいています。KR情報とは、「結果についての知識」すなわち「あなたの出した結果に対する知識」です。

KR情報では、結果だけを知らせるのではなく、説明や解説を付け加えます。正解だった場合でも、付加的な情報を加えれば、学び手がより一層の興味を持つ可能性が高くなります。また、自信がないまま出した解答が、正解であった場合は、説明を見ることで、正解の意味をより深く理解するでしょう。

　このように、単に結果の情報を伝えるだけではなく、説明フィードバックを付加することで、情報としてのフィードバックの質が高くなります。これは、学習によって得られた知識の精緻化、体制化が、説明フィードバックにより促進されて、知識がより確かなものとなり、学習者が自信をもって先に進むことができるからです。すなわち、情報としてのフィードバックにおいては、正誤だけではなく、助言やコメントを与えることが重要となります。

コミュニケーションとしてのフィードバックのデザイン

　コミュニケーションとしてのフィードバックとは、個々のアクションに対するフィードバックではなく、主に、学習全体に対するフィードバックのことを指します。長期間にわたる学習コースがデザインされているときには、学習者自身が、自分の学び方はこれでよいのかという疑問や、自分の学習状況に対する不安が出てくることがあります。そのようなときに、疑問や不安をアクションとして捉え、それに対するコミュニケーション的なフィードバックがデザインされていることが望ましいです。

　しかし、学び手から何らかのアクションがないとこのフィードバックは成立しません。そのため、学び手に対して「学習はうまくいっていますか」、「不安はないですか」などのように折にふれて聞くように、デザインとして加えることが必要となります。

▼ 表6.5 3種類のフィードバックのデザイン

	フィードバック	デザイン
1	強化としての	・できるだけ即時に ・その行動が適切かそうでないかを ・フィードバックされない行動は消去される
2	情報としての	・KR=Knowledge of Results ・説明フィードバック ・精緻化・体制化を助ける ・正誤だけでなく、助言やコメントを
3	コミュニケーションとしての	・学習全体に対しての助言やコメント ・この学び方でよいのかどうか

📖 この章を学んでみて

導入からリソース、活動、フィードバックの設計について学びました。…「教え手はもう表舞台には立たない」というわりには、ラポールの形成なんてことを言うんですね。

もちろん教え手は表舞台には立たないよ。だけど、どういう意図を持って、今教えようとしていることを教えているのかということは、確実に学び手に伝えなければならないわ。そして、それは、表舞台に立たなくてもできることなのよ。リソース、活動、フィードバックの設計自体がそれを語るわけ。

そこに意図が表現されているんですね！

逆に言えば、そこにしか表現の場はないのよ。口でどんなに志の高いことを言ったとしても、コースの設計と実施だけが、現実なんだから。

そこで勝負しろ、と。ところで、フィードバックのところで気づいたのですが、「頑張れ！」のような励ましは、動機づけではないのですね。

「頑張れ！」と言われてやる気が出るのなら、あまり苦労はないよね。「頑張れ！」のような励ましは、むしろコミュニケーションとしてのフィードバックとしてとらえたほうがいいわね。「私はあなたのことを見守っていますよ」ということを学び手に伝えているわけ。

あ、見てくれているんだ、ってことですね。

だから、内容は何もない。強化でもないし、情報でもない。そうするとコミュニケーションということになるよね。

コミュニケーションとはいっても、あいさつ程度のものですね。

そんな感じかしら。通常は、1つのフィードバックでも、強化の側面、情報の側面、コミュニケーションの側面が複合的に絡み合っているのよ。

それはちょっと面倒ですねえ…。

さらには、同じフィードバックをしても、どの側面を選択してとらえるかは、学び手によって、変わってくるからねえ。

さらにややこしくなる！

だから、フィードバックの性格を明示するのがよいと思うわ。これは強化なのか、情報なのか、コミュニケーションなのかということを明示することが有用ね。

確認問題

問題1

導入の考え方を正しく反映しているものには○を、そうでないものには×をつけてください。

ア．レクチャーが複数回にわたるコースの場合は、コースの導入は毎回同じようなものにして学習者を安心させる
イ．コースの導入は非常に重要なのでたっぷりと時間をかける
ウ．レクチャーが複数回にわたるコースの場合は、前回のレクチャーの内容を簡単に振り返ってから新しい内容に入る
エ．新しく学ぶ内容がいかに学習者にとって役に立つことかを強調する
オ．既習の事項を思い出させるために、時間を十分かけて復習テスト（ペーパーテスト）を実施する

問題2

次の学習活動をデザインするときの考え方の背景には、どのような心理学的な見方の存在が考えられますか。「1．行動分析学」「2．認知心理学」「3．状況的学習論」の3つの中から選んでください。

ア．ガイドや援助の範囲を限定し、学習者自身の力でどのくらいのパフォーマンスができるのかを確認させる
イ．練習は簡単なものから始めて、段階的に難しく複雑なものにしていく
ウ．あえて今までと違う例でやってみて応用力を試す

問題3

次のフィードバックに対する考え方の背景には、どのような心理学的な見方の存在が考えられますか。「1．行動分析学」「2．認知心理学」「3．状況的学習論」の3つの中から選んでください。

ア．正誤だけでなく解説もフィードバックする
イ．その行動が適切かそうでないかをフィードバックする
ウ．この学び方でよいのかどうかをフィードバックする

（解答は236ページ）

第7章

評価の設計

最終章では、コースの評価について解説します。インストラクショナルデザインでいう評価とは、学習者のパフォーマンスだけではなく、学習コース自体の評価も行います。コース全体の評価を行うことで、次回の学習の改善に活かします。

7.1 インストラクショナルデザインにおける評価

 評価の二面性

評価には2つの側面があります。1つ目は、学習者が最終的にできるようになったというパフォーマンスを評価することです。テストをしたり、実際のパフォーマンスを実演してもらいます。

2つ目は、その学習コースが、学習者のパフォーマンスを伸ばすコースであったかどうかを評価することです。つまり、これは学習者の評価ではなくコースの評価に当たります。これが、インストラクショナルデザインにおける評価の特徴です。

学習者の評価は学習者のために行います。学習者がゴールを達成できない場合はコースに問題がなかったか、あるいは改善すべき点がなかったかを検討します。もちろん、学習者にやる気がなかったり、動機づけが十分でなかったりする場合もあるでしょう。もし学習者にやる気がなかった場合は、その学習者に学ぶことへのニーズを意識させるような介入をする必要があります。また、その学習者にそもそもニーズがないのであれば、コースに入ってくる前に排除しなければなりません。

学習者検証の原則

　コースは、学習者の学習成果そのものによって評価されます。これを**学習者検証の原則**と呼びます。

▼図7.1　学習者検証の原則

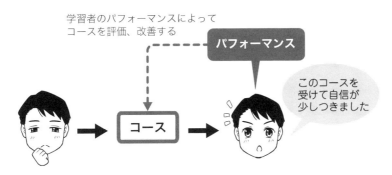

　専門家はよく「これはすばらしいコースです」と言ったりします。あるいは「授業中の学習者の目が輝いていましたね」と言うこともあるでしょう。しかし、本当のところ、学生が面白そうな振りをしていただけであったとすれば、このコースは素晴らしいコースとは言えないでしょう。

　学習者の反応と成果こそが、コースの評価となります。したがって、たとえ専門家が賞賛したとしても、学習者に成果が生まれなかったとしたら駄目なコースなのです。コースの良さは第三者としての専門家が決めるのではなく、コースを受けた学習者自身が決めます。

　「百ます計算は子どもを機械にするものだ。断固反対！」という専門家がいたとしましょう。ところが、実際に百ます計算をやっている子どもが「百ます計算で少し自信がついたよ。うれしいな」と言ったとすれば、その評価を第一に考えなくてはなりません。専門家が「子どもを機械にする」と主張するのは第三者の意見にすぎません。専門家は、まず当事者である子どもに聞くべきなのです。

学習者がどのような成果を上げたかということを第一に評価するのが、学習者検証の原則です。

　ニーズ分析の項目ですでに学習したように、どのようなコースを作るかということに関しては学習者のニーズから出発するのが基本です。しかし、それ以外にも組織のニーズ、社会のニーズ、領域専門家からのニーズもあります。組織のニーズや社会のニーズや領域専門家からのニーズでコースを作った場合でも、学習者検証の原則は貫き通すべきです。学習者がどのような成果を上げたかということだけでそのコースの評価をします。そうすれば良いコースが生き残り、そうでないコースは淘汰されていくでしょう。

7.2 学習成果の測定

 転移課題の重要性

　学習成果の測定では、まず、コースの中で練習したことをテストします。次に、コースの内容が習得されていればできるだろうと期待される応用課題によってテストします。これは、認知心理学で言う**転移**をテストすることにほかなりません。転移というのはある領域で獲得された知識や技能が別の状況や場面において活用できることです。

　実際、私たちがいろいろなことを学ぶのは、それが別の場面にも転移できるということを期待しています。コースの中では100％上手くできても、コースの外、つまり現実社会においてその内容が活用されないのであれば、何を学んだのかということになるでしょう。あらゆるコースは、そのコースの中でうまくできるということを期待していると同時に、コースの外に出たときもうまくできるようになって欲しいという願いのもとに作られています。したがって、転移がないということはそのコースがうまく設計されていないということです。転移がうまくいくようなコースを作るためにも、応用課題でテストをして、実際に転移が起きているかどうかを確認することが必要です。

　一方、コースで扱っていない内容をテストするのはタブーです。転移課題ではない、まったく別の内容をテストすることはやってはいけません。なぜならば、それは学習者を裏切っていることになるからです。学習者がきちんと学習をしていれば、適切な評価を得られるようなテストを作らなければなりません。もし、コースと関係ないことを突然テストしたとすれば、学習者は面食らうでしょうし、さらには教え手への信頼を失うことになるでしょう。

📝 測定の文脈

どのような文脈でテストするかを考えたときに、理想的には、パフォーマンス・コンテキストに近い形でのテストをするのがよいです。たとえば、2分間スピーチの最終的なテストは、2分間スピーチを聴衆の目の前で実際にデモンストレーションしてもらうという形のテストがよいでしょう。もし、これを、ビデオを前にして1人で2分間スピーチをしてもらうとなると、ゴールからは少しずれることになります。これではアイコンタクトも測れませんし、実際に大勢の聴衆がいる前でドキドキしながらスピーチするというリアルな文脈で行うスピーチとは違ってきます。できるだけ実際に行われる文脈に近い形でのテストをするのがよいということになります。

このような評価を**オーセンティックな評価**と呼びます。オーセンティック（authentic）というのは、実際の正統的な行動とマッチするような形で評価をするということです。

オーセンティックではない評価はどのようなものかというと、○×問題や穴埋め問題といったような、いわゆるペーパーテストがあげられます。○×問題や穴埋め問題は、現実の社会や生活の中には出てきません。実際の仕事の中で紙を配られ、穴埋め問題を解くということはないのです。

▼ 図7.2 オーセンティックなテスト

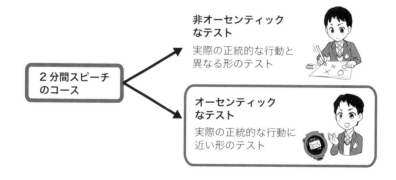

それでもなぜそのような人工的なテストをするかと言いますと、採点が楽であり、公平だからという理由によっています。しかし、2分間スピーチのトレーニングを行った後には○×問題を作ろうとは思わないでしょう。2分間スピーチのトレーニングを行ったあとは、2分間スピーチのテストを行うのがオーセンティックな評価なのですから。

もし短時間でパフォーマンスを見ることができない場合には、ポートフォリオ（portfolio、書類の束という意味）として、その人がそれまでにやった課題・レポート・作品などを集めて1つの書類の束にして、それを全体として評価します。

パフォーマンス評価もポートフォリオ評価も最終的にはオーセンティックな評価を目指しています。もしポートフォリオ評価が広く使われるようになってくれば、試験一発で評価を決めるということが馬鹿げたシステムだと考えるようになるでしょう。60分程度の○×式や穴埋め式の人工的な形での試験によって評価することが、どれほど信頼できるものかどうかということが問われるようになるでしょう。ましてや長期間にわたって学んだ成果を評価することは、短時間でできるものではありません。ポートフォリオ評価には、60分間の1回のテストとは比較できない信頼性があります。

今まで小学校や中学校で延々と受けてきたテスト、また免許や資格試験の際の人工的なテストは、テストの中の一部の特殊な形でしかないことを理解しなくてはなりません。インストラクショナルデザインでは、そのような形式とは違うテストを工夫し、オーセンティックな評価を目指すべきです。

テストのウォッシュバック効果

テストがどのようなものであるかが明示されると、そのことによって逆流が起こります。つまり、最後に受けるテストが、その前の学習活動へ逆波及していきます。

典型的な例では、センター試験などの国家的規模で試験が行われる場

合、試験でどのような問題が出題されるか、形式はどのようなものであるかということがすべての高校生の学習活動に逆波及します。そして、最終的にはセンター試験で良い点をとれるような学習法を高校生が選ぶようになります。このようにテストの形式が逆波及して、学習方法に影響することを**ウォッシュバック効果**と呼びます。

したがって、学校の中でどのような勉強法が良いのかという伝統的な文化とは別に、センター試験対策に有利な勉強法が波及していきます。それは、しばしば学校の中での勉強法と食い違います。このように、高校の教員はこのウォッシュバック効果を無視するわけにはいきません。教員独自の流儀で教えていることが、センター試験にあまり役に立たないとなれば、生徒からは不評を買うことになるでしょう。まさにこれがテストのウォッシュバック効果なのです。

テストはテストに過ぎないのに、逆波及して勉強の仕方を変えてしまうという効果があります。最後のテストをどのような形と内容で行うかということは、この意味でも非常に重要になります。その意味でも、インストラクショナルデザインではオーセンティックな評価をしようということを考えています。

▼図7.3　テストのウォッシュバック効果

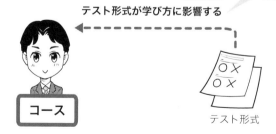

7.3 学習体験の測定

ARCS動機づけモデル

学習体験の測定では、学習者の評価ではなく、学習体験の測定をすることによりコースの良さを測定します。その枠組みとして役立つのが、ケラー（J. M. Keller）が提唱している **ARCS動機づけモデル** です。これを利用することで、コースの魅力を測定しようとします。

「ARCS」は、Attention（注意）、Relevance（関連性）、Confidence（自信）、Satisfaction（満足感）の頭文字を取ったものです。

▼ 図7.4　ARCS動機づけモデル

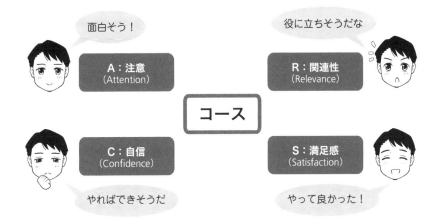

Attentionは、学習者の注意を引き、興味を引き出すようなコースになっているか、つまり「面白そうだな」と思わせるコースになっているかということです。まず話を聞いてもらうために注意を引くことに重点をおきます。注意を引くためには、手品をするなどの工夫があります。しかし、簡単なのは、前置きを言わずに一番面白そうなことを話すことです。

Relevanceは、関連性です。何の関連性かというと、学習者自身とそのコースの内容の関連性です。コースの内容が自分の役に立ちそうだなと思わせること、つまり、そのコースがどのように学び手自身の生活や仕事とどう関係があるかを説明していくことが重要です。学び手に「あ、これは使えそうだな」とか「役に立ちそうだな」と思わせることによって、今学んでいることへの動機づけを高めます。

Confidenceは、自信です。学習者に自信をつけさせ、うまくできそうだという感じを持たせているかということです。教え手は、学び手がコースを終了した後で「やればできそうだ」という感じを持たせたいと思います。実際には厳しいコースをなんとかこなした末に「やっぱりできない」と思わせるコースもあります。しかし、できれば明るい希望を持って、そのコースを終えてほしいと思います。たとえ、今回はあまりパフォーマンスは発揮できなかったとしても、この調子でやっていけばできそうだ、という感覚で終わりたいのです。

Satisfactionは、満足感です。学習体験を通じて満足感をもったか、最後に「やって良かったな」と思うことです。どのくらい自信がついたかは、テストをしても出てきません。しかし、「やって良かった」という満足感は、コースの設計者としては常に気にすべきことです。

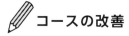

コースの改善

もし「面白くない」、「役に立たない」、「自信が持てない」、「やって良かったと思わない」というような評価を受ければ、コースを改善しなければなりません。ARCSの4つの観点で調べていくと、どこが良くなかったの

かがわかってきます。

　たとえば「面白そうだな」という評価が低ければ、面白い話題を入れていきます。「役に立ちそうだ」という評価が低ければ、教えている内容と現実社会との関連性を強調します。自信の評価が低ければ、課題が難しすぎたのかどうかをチェックします。満足感の評価が低い場合は、レクチャーばかりを聴いているだけで、あまり活動がなく、最後にレポートを1本出して終わりというようなコースが多くあります。そのようなコースに対しては、練習を多くしたり、小さな課題を出しそれに対して適切なフィードバックをするというだけでも、満足度は上がります。

　このように、「ARCS」の4つの観点で評価を測定し、それによって改善の方向性を見いだすことができます。

7.4 態度の変化の測定

副産物としての態度の変化

　運動技能や認知技能が、直接的な学習成果として設定されていたとしても、その副産物として、学習者の態度が変化することがあります。これはそのコースで獲得された運動技能や認知技能以外に獲得されたものとして測定しておく必要があります。

　たとえば、あるコースをやって、確かに技能としてはできるようになったけれども、そのコースで扱っていた内容が「嫌い」になるようなケースがあります。また逆に、必ずしも完全にできるようにはならなかったけれども、そのことが「好き」になったというケースもあります。

「できるけど、嫌い」の意味

　学校の教科に関する国際評価の調査結果を見ると、日本では外国に比較して、算数・数学は「できるけど、嫌い」と答える割合が非常に多いです。科目の内容ができるならば、その科目が好かれるのが普通でしょう。つまり、「できる」と「好き」は比例関係にあるはずなのに、「できるけど、嫌い」であるのは不思議です。しかし日本では、算数・数学でそのような傾向が顕著なのです。

　おそらくこれは、トレーニングを受けたために、できるようにはなったが、トレーニングの過程で押し付けられたというようなことが起こり、その結果として、嫌いになったということなのでしょう。

　インストラクショナルデザインの視点で見れば、この現象は良くないと言えます。もし、できるようになったとしても、態度としてそれが嫌いになったとすれば、将来にわたってその内容を避けるという傾向になるから

です。それは、長期にわたって、その人の選択肢が狭まったという意味で不利になるでしょう。また、その内容を避けるようになったことにより、自分のキャリアに対して不利になることもあるでしょう。教えた結果として、ただその内容ができるようになれば良いのかというと、そんなことはないということを、ここで強調しておきます。

「パフォーマンスとしてはやればできるけれども、嫌いである」というような態度を形成しないためにはどうすればよいでしょうか。まずは、学習者に「押しつけられた」という感覚を持たせないようにすることです。たとえば、ゴールが達成できないときにはなんらかのペナルティがあったり、評価が低くなったりするような設定にすると、学習者はそれを避けるために努力するかもしれません。しかし、コースが終わってしまうと自分から進んで努力したわけではないので、嫌だったという感覚が残るでしょう。

そうではなく、コースのプロセスの中で学習者が自分の進歩を確認できるようにします。また、コースの中の枝葉の部分では、学習者がそれぞれにチャレンジする問題を選べるようにするなどの工夫も、楽しんで進めていける援助となります。このような意味で、コースの評価としては、学習者のパフォーマンスだけでなく、その内容についての態度の変化を測定する必要があるのです。

📖 この章を学んでみて

「学習者検証の原則」はすごいですね。

まさにインストラクショナルデザイン的な考え方よね。

教える仕事の人はみんなこれでやってほしいです！

そうね。でも、コースや授業はそれだけで成立しているわけじゃないよ。学習者をどう変えるかということから設計が始まり、結果として学習者がどう変わったかということだけでそのコースの良さが測られる。

その明確さがすごいです。

ここをはっきりさせておかないと、コースはそれを作った人の自己満足で終わってしまう危険性が大きいからね。

最初の頃に出てきた「意図的教育観」と「成功的教育観」ですね。

誰でも良いコースを作ろうと思って設計する。それは確かなことよ。しかし、それが本当に良いコースであるかどうかは、学習者がコースの中で「成功」したかどうかだけで、評価されるわけね。

 厳しいですね。

でも、そうしないとコースは良くならないわ。いつまでも、学習者がさぼるとか、不真面目だとか、やる気がないだとか言っていては何の改善もない。そうならないためには、どうしたらよいのかということが、まさに教え手の仕事なのよ。

 （…小林君ゴメン！）  ごめんなさい

「教える」という仕事は奥が深いわ。だからこそ、やりがいがあるのよ。

 うまく教えられたときは、本当にうれしいです。

同じように、学び手も喜んでいるはず。教える人も、学ぶ人も、お互いが喜びを感じるような、そういう体験を皆がするようになれば、良い社会になっていくでしょうね。

確認問題

問題1

インストラクショナルデザインにおける評価の2つの面（評価の二面性）について簡単に説明してください。

問題2

以下の感想はARCS動機づけモデルの4つの観点（Attention、Relevance、Confidence、Satisfaction）のどれに相当するかを答えてください。

ア．やって良かったな　　　イ．やればできそうだな
ウ．おもしろそうだな　　　エ．役に立ちそうだな
オ．うまくいきそうだな　　カ．やりがいがありそうだなな

問題3

コースを評価するときに、ARCS動機づけモデルの4つの観点で調べていくと、どこを改善すればよいのかがわかります。たとえば、インストラクショナルデザインのコースをARCS動機づけモデルの4つの観点に沿って受講者に評価してもらったところ、1〜3のような結果になったとします。どこをどのように改善すればよいのか、考えられる可能性をなるべく具体的に記述してください。

例：Attentionが低かった場合
　　学習者の注意や関心を引くことができていない可能性が高い。学習者にとって面白い話題を入れる。たとえば、最近のニュースや事件、話題になっている出来事などを例に挙げて学習内容とつなげる。

1. Relevanceが低かった場合
2. Confidenceが低かった場合
3. Satisfactionが低かった場合

（解答は237ページ）

参考文献

■1章■

『はじめてのインストラクショナルデザイン』(ウォルター・ディック/ジェームス・O・ケアリー他著、ピアソンエデュケーション)
アメリカの多くの大学でインストラクショナルデザインの教科書として広く使われている、包括的な本です。裏表紙の「すべてのeラーニング関係者はこの本から始めることをお勧めする」という推薦文は筆者が書きました。

『eラーニング専門家のためのインストラクショナルデザイン』(齋藤裕/松田岳士/橋本諭/権藤俊彦他著、東京電機大学出版局)
内容がコンパクトにまとまっており、しかも網羅的なので、分厚い翻訳書よりも使いやすい本です。前半はIDプロセスの解説、後半は青山学院大学でのインストラクショナルデザインに基づく授業のケーススタディという構成になっています。全体として、インストラクショナルデザインのプロセス面を知るための入門書としてお勧めです。

■2章■

『行動分析学入門―ヒトの行動の思いがけない理由 (集英社新書) 』(杉山尚子著、集英社)
行動分析学の十分な入門書としては、『行動分析学入門』(杉山尚子/島宗理/佐藤方哉/リチャード・W・マロット/アリア・E・マロット著、産業図書)があります。しかし、そちらはちょっと大きな本なので、その入門編としてこの新書本をお勧めします。全体として、行動随伴性、シェイピング、単一被験体法と、バランス良くしかもわかりやすく解説されています。インストラクショナルデザインの源流は行動分析学にあるので、まずこの本からスタートすることをお勧めします。

『うまくやるための強化の原理―飼いネコから配偶者まで 』(カレン・プライア著、河嶋孝他訳、二瓶社)
すべての親、教育関係者、教師に読んでもらいたい本です。この本は、どのようにしたら望ましい行動をさせることができるか(強化と強化スケジュール)、どのようにしたら望ましい行動を形成することができるか(シェイピング)、どのようにしたら最小限の命令で行動をさせることができるか(刺激制御)、どのようにしたらやめて欲しい行動をやめさせることができるか(消去)、という原理と具体的な方法を伝授しています。
とりわけ、次のようなことは読者の目を開かせてくれるでしょう――「生徒のことを考えている」と自称する先生が使う「体罰」や、体罰の代わりに使われる「叱り」「小言」「脅し」といった方法は最も効果がないこと。何が相手の好子になるかをいろいろ考えることはトレーナーや教師の創造的な仕事であること。教師と生徒の「コミュニケーション不足」とは、本質的には生徒に理解されない命令を乱発していることであり、教師によるいい加減な刺激制御によって生徒が弁別刺激と行動との関係を形成できていないということ――すなわち、生徒の心を理解しようとする前に、自分が適切にコミュニケーションしているかどうかを自問しなければならないことに気づくことと思います。

『インストラクショナルデザイン―教師のためのルールブック』(島宗理著、米田出版)
なぜ「教育」ではなくて「インストラクション」という言葉を使っているのか。ある種つかみどころのない「教育」と、きっちりと定義づけられた「インストラクション」とはどこがどう違うのか。適切なインストラクションを行うには具体的にはどうすればよいのか。以上のことを、まさに適切なインストラクションによって学ぶことができます。

『パフォーマンス・マネジメント―問題解決のための行動分析学』(島宗理著、米田出版)
現実の社会や組織や個人のさまざまな問題を解決するために行動分析学をどう使っていけばよいのかを、具体的な事例を取り上げて、背景となる研究論文を駆使しながら説明しています。パフォーマンス・マネジメントは行動分析学を使って問題解決のための確実な方法を提供します。この本はとりわけ、教師や塾の先生、パソコンのインストラクター、スポーツのコーチなどあらゆる意味で何かを教えることを仕事にしている人や、会社などでプロジェクトを指揮する人、リーダー、管理職の人に必読の本と言えるでしょう。

■3章■
『授業が変わる―認知心理学と教育実践が手を結ぶとき』(ジョン・T・ブルーアー著、松田文子／森敏昭訳、北大路書房)
認知心理学の知見を、現実の授業にどのように活かしていくのかを中心に詳しく検討しています。算数・数学教育、理科教育、読みの指導、作文教育、というような具体的な領域において、認知心理学のアイデアによる教授法がどのような効果をあげることができるかについて書かれています。学校教育に関心がある人、授業をすることを仕事にしている人にお勧めです。

『新・人が学ぶということ―認知学習論からの視点』(今井むつみ／岡田浩之／野島久雄著、北樹出版)
インストラクショナルデザインの土台としての認知心理学(＝認知的学習論)をカバーするものとして最適な1冊です。認知的学習論の具体的な成果としての教材である、ジャスパープロジェクトもこの観点から詳細に検討されています。

『認知心理学キーワード(有斐閣双書KEYWORD SERIES)』(森敏昭／中条和光編、有斐閣)
広範な認知心理学の領域の中から、重要なキーワードを厳選し、その解説を見開き2ページにまとめることにより、認知心理学全体を見通すことができます。表面的な大項目主義ではなく、ちょっとひねったところの、でも重要な(つまり認知心理学として面白い)キーワードが選ばれているため、最初から通読しても面白く読むことができます。この本を通読することで、認知心理学が関心を持つトピックの全体像をつかむことができるでしょう。

■4章■

『状況に埋め込まれた学習—正統的周辺参加』(ジーン・レイヴ／エティエンヌ・ウェンガー著、産業図書)
いくつかの徒弟制度を文化人類学的な視点で記述し、実践コミュニティに参加していく過程こそが学習であるという主張をした本です。著者は、この考え方を学校教育や教育場面に直接応用することを慎重に避けていますが、逆にそのことが示唆を与えています。

『コミュニティ・オブ・プラクティス—ナレッジ社会の新たな知識形態の実践 (Harvard Business School Press)』(エティエンヌ・ウェンガー／リチャード・マクダーモット／ウィリアム・M・スナイダー著、翔泳社)
『状況に埋め込まれた学習』では、文化人類学的な徒弟制度の分析を取り上げています。一方、この本では、企業の中の実践コミュニティを取り上げています。共通の専門テーマと相互交流によって非公式に結びついた実践コミュニティがどのようなものかを記述しています。

『分散認知—心理学的考察と教育実践上の意義 (現代基礎心理学選書)』(ガブリエル・ソロモン編著、協同出版)
(以下本文より引用)「われわれは、学校とは生徒が学ぶことを学ぶコミュニティであるべきだと考えている。そこでは教師は、個人的にも他者と協力する場合にも、意図的学習や自発的な学問研究のモデルであるべきである。もし、うまくいけば、そのようなコミュニティの卒業者は、多くの領域でいかに学ぶかを学んだ生涯学習者として準備ができているはずである」
個人内の認知的スキルを重視する認知主義と、外界の人工的／自然環境に規定されるとする状況主義を対比させながら、それらの双方が相互的に影響し合って学習が進んでいくというビジョンを、各章の筆者が描き出しています。

■5章■

『教材設計マニュアル—独学を支援するために』(鈴木克明著、北大路書房)
誰が読んでもわかりやすく、学習効果の上がるプリント教材をどのように作っていけばよいかを、ステップ・バイ・ステップでていねいに学ぶことができます。最終的には、教師がいなくても学習者だけで独学できるようなプリント教材を完成させます。インストラクショナルデザインの原則にしたがったこの方法を身につければ、授業やコースの効果を上げることができるでしょう。また、Web教材やeラーニング教材を作成するときにも活かすことができます。

解答

第1章

解答1
ア.○　イ.○　ウ.×　エ.×　オ.×

解答2
X=意図的教育観、Y=成功的教育観
ア.X　イ.X　ウ.Y　エ.X　オ.X　カ.Y

解答3
1.　教育工学とは「学習の過程と資源についての、設計、開発、運用、管理、並びに評価に関する理論と実践」である。
【補足】教育工学(instructional technology)の中の「工学(technology)」とはICT技術だけではなく、ひろく教育方法の工夫や改善を含むものです。
2.　デザイン実験とは、厳密な統制をかけた実験ではなく、特定の現場においてさまざまな工夫や開発を行いながら、現場に役立つものを作っていこうというアプローチである。
【補足】厳密な因果関係を特定するためには実験計画法を採用することが必要です。しかし、教育の現場では統制群を設けることが困難なことが多いのです。したがって1つのケースを取り上げてその中でさまざまな工夫をすることで効果をあげようとするアプローチとしてデザイン実験が提案されました。

第2章

解答1
けん玉をするのが初めての人に、玉を大皿にのせる技を習得させる。
(1)　けんの皿の根元を親指と人差し指で鉛筆を持つように持つ。それ以外の指を皿に添える。
(2)　肩幅程度に足を開き、けん玉を持っている側の足を半歩前に出し、ゆったりとかまえる。
(3)　大皿が上を向くようにけんを水平に持つ。
(4)　膝を使って、玉をまっすぐ引き上げる。高さは胸のあたりまで。
(5)　玉を大皿で受けるときに、膝を使って皿の中心で受ける。

(396字)

解答2
ア．4　イ．1　ウ．3　エ．1　オ．5

解答3
ア．食中毒なし→生ガキを食べる→食中毒あり
イ．(宴会の場で)盛り上がりなし→ギャグを言う→盛り上がりあり
ウ．罰金なし→時速150kmで走行する→罰金あり
エ．頭痛あり→薬を飲む→頭痛なし

第3章

解答1
・チャンク(カ)　・維持リハーサル(ア)　・プロダクション(オ)
・バグ(ウ)　・体制化(イ)　・スキーマ(エ)

解答2
1.　分数の計算で、1/2+1/3=2/5　としてしまうケースでは、通分という方法を獲得していない。その代わり、単に分母同士、分子同士を足せばよいというバグを持っている。

2.　友達同士でどこかに旅行に行こうというところでは意見が一致した。しかし、いつにするか、どこにいくか、どこまでの友達に声をかけるか、などの複数の決定が必要な不良構造化問題なので、話が進まない。

3.　スポーツのメンタルタフネスをつけるコースを受けている。しかし、座学で話を聞くだけなので、自分の試合の時にそれが転移しにくいだろう。なんらかの実習が必要だ。

解答3　(以下、例として)
・自分の考えをメンバーに話すとき、その困難の度合いから、自分がよくわかっている部分と不十分な部分を認識できる。
・メンバーの考えを聞くとき、自分の考えと比較することにより、自分の立場を客観化することができる。
・メンバーから質問を受けてそれに答えようとするとき、自分がどの程度まで知識があり、それを説明することができるかを認識できる。

第4章

解答1

アフォーダンスとは、環境が生物に提供する情報である。たとえば、枯れ枝が落ちているのをある人が見たとき、「それを握ることができる」や「それを拾うことができる(重くない)」という判断を瞬時にすることができる。それは考える必要のないことであり、小さい子どもでもできる。それはアフォーダンスとして生物に提供されている情報のおかげであると考えられる。

解答2

・状況的学習の弱点(ウ、エ、カ)・非状況的学習の弱点(ア、イ、オ)

解答3

ア.× イ.× ウ.○ エ.○ オ.× カ.○ キ.○

第5章

解答1

ア.× イ.○ ウ.○ エ.×

解答2

1. オ 2. ウ

解答3

・**前提テスト**:コースが始まる前に、そのコースに無理なく参加できるかどうかを確認するために実施する。

・**事前テスト**:コースを受ける直前に、参加者がすでに習得している技能がどのようであるかを確認する。習得済みの技能はコースの中で省略することができる。

・**事後テスト**:コースの終了時に、参加者のパフォーマンスを確認する。パフォーマンスが不十分であれば、コースの設計や実施に改善の余地があるということである。

第6章

解答1

ア.× イ.× ウ.○ エ.○ オ.×

解答2
ア．3．状況的学習論　　イ．1．行動分析学　　ウ．2．認知心理学

解答3
ア．2．認知心理学　　イ．1．行動分析学　　ウ．3．状況的学習論

第7章

解答1
評価には2つの側面がある。1つめは、学習者のパフォーマンスを測定し、それを評価することである。もう1つは、コースそのものを評価することである。これは学習者のパフォーマンスがどれくらい伸びたかということによって測定される。つまり、学習者のパフォーマンスを測るということは、学習者を評価すると同時に、そのコースが良いものであったかどうかを評価するということである。

解答2
ア．Satisfaction　　イ．Confidence　　ウ．Attention
エ．Relevance　　オ．Confidence　　カ．Relevance

解答3
1. コースの内容が学習者にとってどのように役に立つのか、関係があるのかを伝えることができていない可能性が高い。コースの内容が活かされるような場面を説明する。たとえば、実生活の中で使われている例を挙げて学習内容とつなげる。

2. コースが終わって、学習者の技能や知識に自信を持てていない可能性が高い。簡単なクイズや理解を確かめる小テストを行って、学習者がどれだけ進歩したかを確かめる機会を作り、その結果をフィードバックする。

3. コースが終わって、全体として学習者の満足が十分満たされていない可能性が高い。グループワークを取り入れて学習者相互がお互いに認め合うような機会を作るなどの工夫をする。

あとがき

　私たちは、仕事でも日常生活でも「教える」ということを気づかないまま行っています。確かに、教えるということは、ちょっとめんどうですし、直接何かを生産するということもありません。ですので、つい軽視されがちです。しかし、私たちは「教える」という行為によって、私たちの仲間に知識と技能と態度を伝えています。それが文化や伝統となって私たち自身の社会を発展させる原動力となるのです。そして、なによりも、自分がうまく教えることができれば、相手に感謝され、それは自分への喜びとなって返ってきます。それが「教える」ということの究極の意味なのです。

　この本によって、読者のみなさんに「教えることの意味」を伝えることができれば、望外の喜びです。

謝辞

　この本は、早稲田大学人間科学部で2003年度から開講されている授業「インストラクショナルデザイン」のテキストを元にしています。授業を手伝ってくれた以下のeスクール教育コーチの皆さんには、内容について多くのアドバイスをもらいました。今井亜湖さん(2003)、魚崎祐子さん(2003-2004)、中井あづみさん(2005)、伊豆原久美子さん(2006-2010)、白井裕美子さん(2008)、松村智恵さん(2010)、石川奈保子さん(2012)、小林秀明さん(2012)。とりわけ、伊豆原久美子さんには、確認問題を作成していただきました。記して感謝します。

　技術評論社の佐藤丈樹さんには、統計学の2冊の本『統計学がわかる』・『統計学がわかる【回帰分析・因子分析編】』、アドラー心理学の本『アドラー"実践"講義　幸せに生きる』に引き続き、インストラクショナルデザインの本を企画していただきました。また、渡辺陽子さんには、緻密な編集とチェックをしていただきました。そして、西沢絵子さんには、内容にドンピシャの楽しいマンガを描いていただきました。みなさん、どうもありがとうございました。

2015年8月　向後　千春

Index [索引]

英字
ADDIE モデル 39
ARCS 動機づけモデル 217

あ、か行
合図法 86
アフォーダンス 137
アンカード・インストラクション 123
インストラクション 26
ウォッシュバック効果 216
オーセンティックな評価 214
学習者検証の原則 211
ガニエの 5 分類 59
期待・価値モデル 171
教育工学 42
教育ゴール 168
強化と弱化 70
好子と嫌子 70
行動随伴性 70
コース 27, 162
ゴールベース 36
ゴールベース・シナリオ 148
固定強化 79
個別化教授システム 88
コンテキスト 27

さ行
シェイピング 63
システムズアプローチ 35
事前・事後テスト 176
事例ベース推論 149
状況的学習 139
真正の文化 143
スキーマ 113
スモールステップの原則 62
成功的教育観 37
精緻化 104

正統的周辺参加 140
宣言的知識 109
操作的定義 132
即時フィードバック 77

た、な行
体制化 105
対立行動法 85
他行動法 86
短期記憶と長期記憶 101
チャンク 102
チューリングテスト 108
手続き的知識 109
転移 117
動機づけ 188
内観報告 107
二重符号化説 105
認知技能 98
認知的徒弟制 144

は、ま、ら行
発語思考 109
パフォーマンス・ギャップ 165
パフォーマンス・コンテキスト 174
不良構造化問題 118
ブルームの教育目標の分類学 58
プレマックの法則 80
プロダクション 110
変動強化 79
方向づけ 187
メタ認知 120
ラピッド・プロトタイピング 40
ラポールの形成 187
リハーサル 101
領域固有性 117
ルール支配行動 78
ロケットモデル 163

著者プロフィール

向後 千春（こうご ちはる）

1958年生まれ。早稲田大学人間科学学術院教授。博士（教育学）（東京学芸大学）。専門は教育工学、教育心理学、アドラー心理学。著書に『アドラー"実践"講義 幸せに生きる』（技術評論社）、『コミックでわかるアドラー心理学』（中経出版）、『教師のための「教える技術」』（明治図書）、『200字の法則 伝わる文章を書く技術』『いちばんやさしい教える技術』（永岡書店）、『統計学がわかる』『統計学がわかる【回帰分析・因子分析編】』（技術評論社）など。
E-mail : kogo@waseda.jp

本書へのご意見、ご感想は、技術評論社ホームページ（http://gihyo.jp/）または以下の宛先へ、書面にてお受けしております。電話でのお問い合わせにはお答えいたしかねますので、あらかじめご了承ください。

〒162-0846　東京都新宿区市谷左内町21-13
株式会社技術評論社　書籍編集部
『上手な教え方の教科書 − 入門インストラクショナルデザイン』係
FAX：03-3267-2271

●カバーデザイン：西岡裕二
●マンガ・本文イラスト：西沢絵子
●本文デザイン：BUCH+
●本文DTP・図版：渡辺陽子

上手な教え方の教科書
− 入門インストラクショナルデザイン

2015年　8月25日　初版　第1刷発行
2023年　6月 8日　初版　第6刷発行

著　　　者　向後　千春
発　行　者　片岡　巌
発　行　所　株式会社技術評論社
　　　　　　東京都新宿区市谷左内町21-13
　　　　　　電話　03-3513-6150　販売促進部
　　　　　　　　　03-3267-2270　書籍編集部
印刷／製本　昭和情報プロセス株式会社

定価はカバーに表示してあります。

本の一部または全部を著作権の定める範囲を超え、無断で複写、複製、転載、テープ化、あるいはファイルに落とすことを禁じます。
造本には細心の注意を払っておりますが、万一、乱丁（ページの乱れ）や落丁（ページの抜け）がございましたら、小社販売促進部までお送りください。送料小社負担にてお取り替えいたします。

©2015　向後千春
ISBN978-4-7741-7461-7 C0036
Printed in Japan